...3

O terceiro setor:
uma visão estratégica para
projetos de interesse público

..3

O terceiro setor:
uma visão estratégica para projetos de interesse público
(Olsen Henrique Bocchi)

EDITORA IBPEX

EDITORA IBPEX

Av. Vicente Machado, 317. 14º andar . Centro
CEP 80420-010 . Curitiba . PR . Brasil
Fone: (41) 2103-7306
www.editoraibpex.com.br

Conselho editorial
Ivo José Both, Dr. (presidente)
Elena Godoy, Dr.ª
Nelson Luís Dias, Dr.
Ulf Gregor Baranow, Dr.

Editor-chefe
Lindsay Azambuja

Editores-assistentes
Ariadne Nunes Wenger;
Marcela Mariana de Abreu

Editor de Arte
Raphael Bernadelli

Análise de informação
Mariana Weinhardt Pazzinatto

Revisão de texto
Monique Gonçalves

Capa
Denis Kaio Tanaami

Projeto gráfico
Bruno de Oliveira

Diagramação
Katiane Cabral

Iconografia
Danielle Scholtz

B664t

Bocchi, Olsen Henrique
O terceiro setor: uma visão estratégica para projetos de interesse público / Olsen Henrique Bocchi. – Curitiba: Ibpex, 2009. 214 p.: il.

ISBN 978-85-7838-004-5

1. Associações sem fins lucrativos. 2. Organizações não governamentais. I. Título.

CDD 658.048
20. ed.

Foi feito o depósito legal.

Informamos que é de inteira responsabilidade do autor a emissão de conceitos.
Nenhuma parte desta publicação poderá ser reproduzida por qualquer meio ou forma sem a prévia autorização da Editora Ibpex.
A violação dos direitos autorais é crime estabelecido na Lei nº 9.610/98 e punido pelo art. 184 do Código Penal.

Apresentação

Esta obra pretende enfocar uma proposição de trabalho para as entidades do terceiro setor e é fruto de 3.522 (três mil quinhentas e vinte e duas) horas de pesquisa aplicada no trato diário das questões que envolvem projetos e sua abordagem junto ao poder público e à iniciativa privada.

Notou-se que existe, no universo trabalhado, um anseio de realização social, em que as entidades estudadas buscam promover o interesse público. No entanto, boas intenções não são suficientes para que as contas sejam aprovadas, para que não haja malversação do dinheiro público e para que *marketing* social seja, no Brasil, uma marca de idoneidade para as entidades do terceiro setor.

O regime legal adotado nos limites conferidos, mesmo que embrionário, foi um impulso para que os interessados no tema ganhassem a oportunidade de profissionalização, auferindo, assim, credibilidade social. Contudo, é necessária a iniciativa das organizações para um rearranjo de sua mentalidade. Não há como continuar atuando como associações de bairros, mas sim como firmas que, apesar de não distribuírem lucros, precisam de organização semelhante à empresarial. Essa organização empresarial, apesar de não ter o enfoque institucional, por apresentar natureza não econômica, alcança a necessidade de mudança na mentalidade do seu aparato humano. As divisas almejadas são divisas sociais que poderão ser aproveitadas, em um futuro próximo, para o desenvolvimento de todas as camadas da sociedade e também das empresas que buscam qualificação profissional de seus empregados, tecnologia, certificação de produtos e serviços, afinal, para que se alcance o sonhado crescimento sustentável.

O alargamento das finalidades do terceiro setor serve para impulsionar todos os veios econômicos, fazendo um trabalho que, muitas vezes, nem o Estado está preparado para desenvolver. Os centros de excelência, as universidades, as instituições de pesquisa, as instituições de fins filantrópicos, hoje, podem abraçar um sem-número de atribuições com sucesso. Basta que, de um lado, os incentivos e os créditos possam ser garantidos, quer pelo Estado ou pelas empresas, e que as instituições do terceiro setor mostrem-se confiáveis para prestar esse importante serviço à sociedade.

Nessa linha de pensamento, procurou-se traduzir em linhas as fórmulas de sucesso para a execução de projetos por instituições sem fins lucrativos. Neste livro, há o substrato mínimo para que tais institutos, desde o seu nascimento até a execução de trabalhos, possam imbuir-se em paragens que almejam, e o mais importante, sem riscos.

Nesta obra encontra-se o conteúdo teórico mínimo, uma boa porção prática para a elaboração suficiente de projetos básicos e de planos de trabalho para que as atividades possam ser desenvolvidas. Houve a preocupação, ainda, em transcrever os principais incentivos e as formas de fomento a projetos, analisando e especificando o procedimento para o alcance dessas metas.

Foram expostos também os principais projetos estratégicos do País, com uma explanação de suas fórmulas de sucesso, bem como um estudo de caso sobre um projeto vencedor.

Enfim, os interessados em atuar no terceiro setor, que buscam um espaço em sua responsabilidade social, e em participar do momento histórico de mudança pelo qual se passa podem, nesta obra, buscar respostas.

OLSEN HENRIQUE BOCCHI

Sumário

Introdução 9

Capítulo 1

Os setores sociais e o neoliberalismo 13

1.1 Os setores sociais 14
1.2 Uma abordagem crítica sobre o liberalismo comercial no caso brasileiro 17

Capítulo 2

Modalidades institucionais aplicáveis ao terceiro setor 29

2.1 Fundações 30
2.2 Associações, sociedades civis e institutos 38

Capítulo 3

Modalidades de atuação do terceiro setor 45

3.1 Organizações da Sociedade Civil de Interesse Público (Oscip) 46
3.2 Organizações sociais 69
3.3 Serviços sociais autônomos 72
3.4 Agências reguladoras 73
3.5 Agências executivas 76

Capítulo 4

Os contratos e a sua teoria explicativa 81

4.1 O ato negocial e a autonomia privada: uma explanação sobre a teoria positivista do direito 82
4.2 Os princípios gerais dos contratos: a função social e a boa-fé 84

Capítulo 5
Os termos de parceria: a grande inovação   119

Capítulo 6
Convênios, Lei nº 8.666/1993 e INSTN nº 01/1997   129

Capítulo 7
Os contratos de gestão   139

Capítulo 8
Uma comparação entre contratos, convênios e termos de parceria   143

Capítulo 9
Plano de trabalho: delimitador de projetos de interesse público   149

Capítulo 10
Incentivos fiscais aplicáveis ao terceiro setor   157
   10.1 Incentivos ao funcionamento das instituições sem fins lucrativos   158
   10.2 Incentivos relacionados ao Plano de Desenvolvimento Tecnológico (PDTI)   163
   10.3 Os fundos setoriais: o Programa Verde Amarelo como fomento às pesquisas   175
   10.4 Os grandes programas tecnológicos: a aliança do setor público com o setor privado   182

Considerações finais   189
Referências por capítulo   193
Referências   197
Nota sobre o autor   213

Introdução

Com a impossibilidade atual de o Estado prover a totalidade dos interesses sociais que antes lhe eram incumbidos, em face da predominância do sistema neoliberal, houve uma diminuição de investimentos em setores sensíveis da sociedade. Conseqüentemente, para que tais interesses não deixassem de ser executados, a sociedade civil passou a assumir encargos que anteriormente não lhe eram afetos. Nota-se que cultura, saúde, educação, criação de empregos, investimentos na inovação tecnológica, entre outros setores, estão sendo relegados a segundo plano nos projetos estatais[a].

Nesse panorama, o neoliberalismo tem como premissas cinco metas essenciais, que são:

a. estabilização de preços e contas nacionais;
b. privatização dos meios de produção e das empresas estatais;
c. liberalização do comércio e do fluxo de capitais;
d. desregulamentação da atividade privada; e,
e. austeridade fiscal e restrições aos gastos públicos.[1]

---

[a] "Ante a deficiência do Estado na gerência da coisa pública e a crescente necessidade de redefinir sua estrutura, posição e forma de atividade, o terceiro setor compreende importantíssimo segmento social que deve desenvolver sua capacidade de intervenção no Estado, colaborando para que consigamos proceder a uma legítima e verdadeira reforma administrativa e conseqüentemente implantar eficientes políticas públicas". (SANTOS, 2000, p. 32).

Contudo, tais metas provocam contradições, e estas influem diretamente no crescimento dos Estados, "pois permitem às economias crescerem dentro de limites ou reduzirem taxas de inflação, mas às custas de uma polarização produtiva e social"[2].

No Brasil, a implantação do ideal neoliberal encontra-se a pleno vapor. As estatais foram privatizadas, está havendo uma política de cortes de gastos e uma "estabilização econômica" à custa da perda do emprego, da perda de poder de compra dos salários e da perda de reservas, entre outros fatores sociais e culturais, com reflexos no fomento às pesquisas.[b]

Contudo, concomitantemente, tem havido uma aliança entre o poder público e a iniciativa privada do terceiro setor para a execução de projetos que supram, entre outros pontos, os encargos que pela Constituição são obrigação do Estado. Um exemplo dessa aliança é a criação das Organizações da Sociedade Civil de Interesse Público (Oscip) pela Lei nº 9.790, de 23 de março de 1999. Tal norma, entre outras, será estudada.

Nota-se que tal política de DESAGREGAÇÃO DA INICIATIVA ESTATAL, se levada a cabo por instituições sérias, pode corresponder ao anseio do legislador e, conseqüentemente, da comunidade em geral. No âmbito do fomento às pesquisas, poderá ocorrer um aumento no número de patentes, bem como uma colaboração para o aumento das exportações de

|||||||||||||||||||||||||||
b. "Uma das formas de analisar o grau de maturidade do sistema de inovação brasileiro, passa pela avaliação da estrutura industrial brasileira. Uma desagregação da estrutura industrial brasileira de acordo com níveis tecnológicos (segundo proposta da OCDE, 1996), realizada pelo IBGE, indicou que apenas 8,1% da receita líquida da indústria brasileira provêm de setores classificados como de alta tecnologia. Segundo esse estudo, 'na estrutura industrial brasileira predominam os setores de baixa e média baixa tecnologias (62%)' (IBGE, 2000, p. 20). Identificada a imaturidade do sistema de inovação brasileiro, é necessário apresentar algumas características distintivas do País. O caráter continental e federativo do País exige uma análise das diferenças regionais, ao mesmo tempo que é uma introdução para o papel potencial da construção de sistemas locais e estaduais de inovação no País. Além do atraso relativo, o Brasil apresenta duas outras particularidades importantes: sua dimensão continental e as disparidades e diferenças regionais existentes. Essas particularidades sugerem a importância de políticas para o desenvolvimento local." (ALBUQUERQUE, 2002, p. 229-230).

produtos com maior valor agregado.

Assim, a seguir serão estudados os "setores sociais", com o intuito de delimitar a noção de terceiro setor paralelamente à figura do Estado e da iniciativa empresarial, bem como será feita uma abordagem crítica do liberalismo comercial no caso brasileiro. Serão também abordadas as formas institucionais que assumem as entidades sem fins lucrativos, assim como as principais formas de qualificações de interesse público, segundo a legislação pertinente. Vai se discorrer também sobre os instrumentos de parceria do terceiro setor com o poder público.

Esta obra será concluída com uma crítica ao movimento atual de "re-estatização" das entidades do terceiro setor, o que tem propiciado uma perda considerável de parcerias estratégicas.

Não se vislumbra aqui um esgotamento dos temas tratados, mas, sim, na forma de um roteiro, abordar a essência do que é necessário aos operadores de projetos de interesse público para a execução destes. Os gestores de recursos públicos, os coordenadores de projetos, os executores e até os juristas necessitam de um suporte teórico e de um conteúdo prático mínimo para o desenvolvimento dos trabalhos. Este livro dará as condições para que não haja questionamentos quanto à forma como se apresenta o projeto básico, seu escopo e demais informações que serão mostradas aos órgãos de controle, pois, na maioria das vezes, não é questionada a lisura na sua execução, pecando o ordenador meramente em como foi disposta documentalmente.

Por fim, o terceiro setor, devido à sua relevância social, será tratado como uma chave mestra para a produção científica, tecnológica e social, favorecendo a pesquisa e o desenvolvimento, mediante atuação conjunta e coesa de todos os "setores sociais". Nesse contexto, sensível às mudanças assistidas no cenário mundial, as entidades sem fins lucrativos serão capazes de assumir seu papel no desenvolvimento sustentável, caso sua atuação seja conduzida de forma séria e condizente com os anseios da sociedade, inclua-se a essa seriedade austeridade e transparência. Não se pretende aqui advogar na defesa de entidades sem fins lucrativos como substitutos do Estado, mas sim como aliados na busca de fins afetos à coletividade, segundo os mesmos parâmetros de fiscalização e exigências para execução de projetos e uso de recursos públicos. No ambiente atual, o poder público deve compartilhar parcelas de seu ônus, para se dedicar com maior precisão à sua essência, tais como a defesa do Estado Democrático de Direito, a fiscalização do emprego de verbas públicas e a fixação de políticas estratégicas de atuação, deixando, assim, à iniciativa privada e à atuação do terceiro setor, incluindo-se nessa classe as universidades, a condução de soluções que exijam maiores eficiência e agilidade. Dessa forma, o desenvolvimento sustentável será não um sonho em um país do futuro, mas sim uma realidade de sucesso no presente.

OLSEN HENRIQUE BOCCHI

Capítulo 1
Os *setores sociais* e o *neoliberalismo*

Esta obra será iniciada com uma noção sobre o terceiro setor. Para tanto, é necessário o entendimento sobre o meio em que tais institutos foram gerados, assim como a utilização de um método dedutivo para se estabelecer a definição de terceiro setor. Não basta meramente defini-lo, é necessário o explanar sobre os setores sociais e sobre o atual modelo econômico, ou seja, o neoliberalismo.

1.1 Os setores sociais

O Estado compõe o setor público juntamente com suas ramificações e é conceituado como aquela pessoa detentora do poder de império, cuja soberania está definida constitucionalmente. Nesse documento está definida a sua personalidade jurídica e dividida, no caso brasileiro, em três esferas: federal, estadual e municipal. Esse poder público, conforme uma classificação social, é denominado *primeiro setor*. Ao Estado é exigida a provisão dos direitos sociais, entre eles a saúde, a educação e a pesquisa em tecnologia.

No âmbito privado, encontram-se as pessoas que trabalham de acordo com atividades econômicas, conforme o novo Código Civil. Na legislação anterior, por sua vez, denominavam-se *atividades com fins lucrativos*, mas essa alteração não influi na sua configuração prática, para efeitos legais. Nesse setor, encontram-se as empresas comerciais, as sociedades mercantis e as demais pessoas físicas ou jurídicas que almejam atividades lucrativas. Esse é denominado *segundo setor*.

No limiar entre esses dois setores, há aquele que se compõe de pessoas que, sem integrar o Estado, almejam atividades sociais ou solidárias, sem desejar lucro, ou seja, sem fins econômicos. Esse é chamado *terceiro setor* e integram essa classe as associações civis, bem como as fundações, ou seja, as organizações não governamentais (ONGs). Sobre o tema, Nanus e Dobbs ensinam:

> Em seu nível mais básico, toda a nação é composta de três setores que se sobrepõem – econômico, político e social. Esses setores coexistem em um ambiente comum que sustenta as organizações [...]. Cada setor tem suas próprias atividades e responsabilidades, mas também trabalha em uma parceria muito próxima com os outros setores onde tem interesses em comum [sic]. Além disso, cada setor tem suas instituições características que são projetadas para propósitos específicos e, uma vez funcionando, agem para restringir e dirigir a atividade humana. As organizações beneficentes geralmente são uma parte do setor social da nação onde atuam para melhorar a vida das pessoas, famílias, bairros e comunidades.[1]

No final da última década, houve o reconhecimento do interesse público de algumas dessas organizações, pois foi editada a Lei nº 9.790/1999, que trata das Oscip. Conforme a doutrina, tal legislação regulamenta o terceiro setor de forma "condizente com as necessidades atuais da sociedade, já que rompe com as velhas amarras regulatórias. Pela primeira vez, o Estado reconhece publicamente a existência de uma esfera que é pública, não por sua origem, mas por sua finalidade: é pública, embora não estatal"[2].

A posição do terceiro setor pode oferecer a prestação de melhores serviços, pois possibilita a criação de modelos novos para proporcionar importantes transformações sociais. O comando de ações para o bem comum serve de elo para a ação política estatal em áreas sensíveis. Assim entende Martins Filho:

> A participação ativa na vida social, opinando e colaborando na consecução do bem comum, supõe o PLURALISMO de soluções para questões marcadas pela contingência: daí as DIVERGÊNCIAS naturais entre os membros da sociedade, que devem ser superadas pelo ESTUDO dos problemas e pela CRÍTICA POSITIVA, que não busca destruir a opinião contrária, mas ofertar alternativas melhores para resolver os problemas sociais (CRÍTICA CONSTRUTIVA).[3]

As organizações sem fins lucrativos podem, também, financiar diretamente serviços comunitários, bem como conduzir experiências inovadoras e projetos de aplicação prática que poderão ser adotados pelos governos e pelas empresas. Nessa sede, é válida a transcrição do entendimento de Adulis:

> No campo do terceiro setor, a noção de parceria tem sido evocada com freqüência como uma forma privilegiada de cooperação entre organizações para alcançar propósitos comuns. O argumento mais freqüente a favor do estabelecimento de parcerias baseia-se nas vantagens que cada organização poderia obter com esse tipo de relacionamento, entre as quais destacam-se: – fortalecimento e ampliação da capacidade de ação; – realização de projetos e ações conjuntas; – troca de conhecimentos e aprendizado; – compartilhamento de recursos.[4]

Assim, pode-se afirmar que o terceiro setor é um importante laboratório incubador da mudança social. Segundo Nanus e Dobbs, as fundações Ford e Rockfeller, nos Estados Unidos são exemplos clássicos de organizações do terceiro setor que serviram de suporte para avanços tecnológicos. É interessante a exposição dos autores ao tratar as organizações, do terceiro setor como importantes instrumentos para a infra-estrutura institucional de uma nação, como se percebe a seguir:

> As organizações do terceiro setor já são parte essencial da infra-estrutura institucional da nação. Elas estão destinadas a se tornarem, no futuro, colaboradoras muito fortes e parceiras mais influentes das empresas e dos órgãos do governo, à medida que suas muitas contribuições para o bem social se tornam amplamente compreendidas e são altamente consideradas.[5]

Traçado esse panorama, é necessária uma abordagem crítica sobre o liberalismo comercial, a fim de identificar o ambiente internacional que move a sedimentação do terceiro setor, devido à adoção do sistema neoliberal.

1.2 Uma abordagem crítica sobre o liberalismo comercial no caso brasileiro

No presente momento, em meio a possíveis mudanças em torno do comércio mundial, vê-se um anseio das partes envolvidas na economia global, isto é, a liberalização comercial. Contudo, devem ser questionados os limites a serem discutidos para a adoção do "mercado sem fronteiras", no qual há um consenso quase absoluto pela sua oportunidade.

Esse contexto surgiu com base em uma corrente teórica econômica denominada *neoliberalismo*, que, entre a sociedade civil, está sendo combatida ferozmente devido ao seu impacto negativo social. Neste capítulo, serão brevemente abordadas as linhas mestras dessa corrente e expostas as críticas resultantes de seus postulados.

Logo em seguida, trazendo para a esfera da economia brasileira, mas sem deixar de citar a situação global, serão abordados alguns impactos que a liberalização comercial poderá ocasionar para a sociedade do País. Serão mencionados, com mais atenção, o enfraquecimento do Estado e a desregulamentação da economia com pontos sensíveis à efetivação do livre comércio. O impacto social também será ventilado como um custo sensível para a implantação de um mercado global nos moldes pretendidos.

Depois de abordadas essas questões, sempre com apoio da doutrina, serão expostas conclusões críticas ao sistema atual, bem como sobre suas perspectivas para um futuro não tão longínquo e sugestões alternativas para que exista um desenvolvimento sustentável, no qual deve prevalecer a dignidade humana e o bem social, com apoio ao trabalho como premissa ao desenvolvimento com distribuição de renda.

Um panorama sobre o neoliberalismo

Fazendo um apanhado histórico da economia global, é possível perceber basicamente três períodos: um período que teve início nos primórdios comerciais, indo até a concepção de Adam Smith, John Locke e Stuart Mill, quando a humanidade ingressou no segundo período econômico denominado *liberalismo* e outro terceiro que assiste-se na atualidade, o neoliberalismo. Uma das diferenças basilares entre essas fases é a maior ou menor atuação do Estado na economia, questionada nas duas últimas fases.

Nos ensinamentos de Mill[6], mais precisamente em sua obra intitulada *On liberty*, que engloba os fundamentos do liberalismo clássico, são entrelaçados os pilares do pensamento desse período. As premissas são: liberdade política, autonomia negativa, autodesenvolvimento, liberdade como intitulamento, liberdade de opinião, liberdade como autogoverno, liberdade como privacidade e independência[7].

Em sede neoliberalista, é uma ideologia econômica nascida logo após a Segunda Guerra Mundial na Europa e na América do Norte. Esse pensamento foi uma reação teórica e política contra o Estado intervencionista. O grande precursor dessa corrente foi o autor Friedrich won Hayek, com a obra *O caminho da servidão*, escrita em 1944. Contudo, a maior repercussão do neoliberalismo se encontra no plano cultural, no qual há "mito da mobilidade pelo esforço pessoal; as generosidades da livre empresa; o direito à diferenciação; a liberdade como valor máximo, embora como autodisciplina; e uma solidariedade não problemática para aqueles que são beneficiados pelo mercado"[8].

Dessa forma, as diferenças principais entre o liberalismo e o neoliberalismo podem ser resumidas da seguinte maneira[9]:

Quadro 1 – Comparação entre o liberalismo e o neoliberalismo

LIBERALISMO	NEOLIBERALISMO
Combateu as restrições pré-capitalistas.	Luta contra o capitalismo sujeito às influências do sindicalismo e do chamado *bem-estar social*.
Na agricultura, o liberalismo promovia um desmantelamento das unidades agrícolas auto-suficientes.	Prejudica a indústria nacional, pública e privada.

(continua)

(Quadro 1 – conclusão)

Abria mercados.	Muda o mercado doméstico para o mercado externo, para atender consumidores internacionais.
Converteu os camponeses em proletários.	Converte os trabalhadores assalariados em setores informais ou autônomos.
Forçado a aceitar a legislação trabalhista, a previdência social e as empresas públicas.	Prejudica o movimento trabalhista, elimina a legislação social e representa um retorno à fase inicial do liberalismo.
Estimulou o crescimento das cidades e dos complexos urbano-industriais.	Prejudica as cidades, transformando-as em enormes favelas, dividindo-as entre os muito ricos e muito pobres.

FONTE: PETRAS, 1997.

Mas o neoliberalismo sofre contradições, a seguir explicadas:

1. Permite às economias crescerem dentro dos limites ou reduzirem taxas de inflação, mas às custas de uma polarização produtiva e social. A promessa de igualdade no mercado só se cumpre com desregulamentação e privatização, mas em nenhum momento atenta contra os monopólios, que crescem em poder com as políticas neoliberais;

2. A liberalização dos mercados ocorre com uma rígida política salarial que provoca uma queda nos salários reais. Neste mercado, o da força de trabalho, não se aplica à eliminação de fatores exógenos para que se chegue aos preços de equilíbrio. A crise de fato recai sobre os assalariados;

3. A liberdade conseguida com a ruptura dos pactos corporativos, que distorcem os mercados, ocorre ao mesmo tempo em que se conformam grupos de pressão (formação de grupos privilegiados), sobretudo provenientes dos grandes capitais, para os quais as políticas ortodoxas são combinadas com apoios heterodoxos. O ator racional otimizador é substituído pelos magos das finanças e seus conhecimentos privilegiados de mercados e políticas do Estado.[10]

Fazendo um balanço desta última década, traça-se um panorama exatamente conforme as premissas apontadas, em que a globalização trouxe efeitos aparentemente positivos para a comunidade. Contudo, há uma face podre do almejado livre mercado nesse final de século. Nota-se uma tragédia humana, pois está sendo criando um "*apartheid* social". Uma perspectiva realista pode ser percebida das linhas de Chossudovski, que analisa a situação do neoliberalismo, como se denota a seguir, *in verbis*:

> *Desde o começo dos anos 80, os programas de "estabilização macroeconômica" e de "ajuste estrutural" imposto [sic] pelo FMI e pelo Banco Mundial aos países em desenvolvimento (como condição para a renegociação da dívida externa) têm levado centenas de milhões de pessoas ao empobrecimento. Contrariando o espírito do acordo de Breton Woods, cuja intenção era a reconstrução econômica e a estabilidade das principais taxas de câmbio, o programa de ajuste estrutural (PAE) tem contribuído amplamente para desestabilizar moedas nacionais e arruinar as economias dos países em desenvolvimento.*
>
> *Após a Guerra Fria, a reestruturação macroeconômica passou a contemplar interesses geopolíticos globais. O ajuste estrutural é usado para minar a economia do antigo bloco soviético e desmantelar seu sistema de empresas estatais. Desde o fim da década de 80, o "remédio econômico" do FMI-Banco Mundial vem sendo aplicado no Leste Europeu, na Iugoslávia e na ex-União Soviética, com conseqüências econômicas e sociais devastadoras.*
>
> *O mesmo cardápio de austeridade orçamentária, desvalorização, liberalização do comércio e privatização é aplicado simultaneamente em mais de cem países devedores. Estes perdem a soberania econômica e o controle sobre a política monetária e fiscal; seu Banco Central e Ministério da Fazenda são reorganizados (freqüentemente com a cumplicidade das burocracias locais); suas instituições são anuladas e é instalada uma "tutela econômica". Um governo paralelo que passa por cima da sociedade civil e é estabelecido pelas instituições financeiras internacionais (IFIs). Os países que não aceitam as "metas de desempenho" do FMI são colocados na lista negra.*
>
> *O ajuste estrutural é conducente a uma forma de "genocídio econô-*

mico" levado a cabo pela deliberada manipulação das forças do mercado. Comparando-o outros tipos de genocídio, em vários períodos da história colonial (por exemplo, trabalhos forçados e escravidão), seus impactos sociais são devastadores. Os PAEs afetam diretamente a subsistência de mais de quatro bilhões de pessoas. Sua aplicação em grande número de países devedores favorece a "internacionalização" da política macroeconômica sobre controle direto do FMI e do Banco Mundial, atuando em nome de poderosos interesses políticos e financeiros (por exemplo, os clubes de Londres e de Paris, o G7). Essa nova forma de dominação econômica e política – de "colonialismo de mercado" – subordina o povo e os governos por meio da interação aparentemente neutra das forças de mercado. A burocracia internacional sediada em Washington foi investida, pelos credores internacionais e corporações multinacionais, do poder de execução de um plano econômico global que afeta a sua subsistência de mais de 80% da população mundial. Em nenhuma época da história o "livre" mercado – operando no mundo por meio dos instrumentos da macroeconomia – desempenhou papel de tal importância na determinação do destino de nações "soberanas".[11]

Assim, o anseio pelo livre mercado traz altos custos sociais e estruturais, cujos fatores serão discutidos a seguir.

O Brasil no cenário internacional: o alto custo da liberalização comercial

No Brasil, a implantação do ideal neoliberal está a pleno vapor, as estatais foram privatizadas, está havendo uma política de cortes de gastos e uma "estabilização econômica" à custa da perda do emprego, do poder de compra dos salários e de reservas, entre outros fatores. Mas até que ponto são vantajosas a desregulamentação da economia e a liberalização comercial do mercado de capitais? Para que isso ocorra, é necessário um enfraquecimento do Estado e das instituições democráticas de ordem pública. O Brasil é invejado por muitos por seu sistema de defesa do consumidor, pelo seu sistema de defesa da concorrência, pelo seu sistema de controle contábil do mercado de capitais. No País não ocorrem escândalos de maqueamento de lucros de empresas, a exemplo das gigantes americanas. Ora, liberdade sempre é um ideal a ser almejado, mas, quando essa liberdade é cerceadora de direitos e garantias sociais e institucionais, seu sentido será desviado. Um grande erro é confundir liberdade com desregulamentação, pois esta pode ser um grande óbice à prosperidade, pois pode não preservar a competição por deixar a economia à mercê dos grandes monopólios. "A competição regulamentada é normalmente a base do 'livre' jogo das forças de mercado"[12].

É também necessário esclarecer sobre a incompatibilidade entre democracia e neoliberalismo, por esta corrente ser uma doutrina conseqüente, sendo a liberdade política apenas um modo de realização nem sempre necessário. Em outros termos, essa liberdade pode ser um mero corolário, uma defesa intransigente da liberdade econômica. Um dos inspiradores do atual movimento em favor do desmantelamento do Estado de serviços, o economista austríaco Friedrich von Hayek, insistiu sobre a indissolubilidade de liberdade econômica e de liberdade sem quaisquer outros adjetivos, reafirmando, assim, a necessidade de distinguir claramente o liberalismo, que tem seu ponto de partida numa teoria econômica, da democracia, que é uma teoria política, e atribuindo à liberdade individual (da qual a liberdade econômica seria a primeira condição) um valor intrínseco e à democracia um valor instrumental.[13]

Existem argumentos que explicam o livre comércio como sinônimo de eficiência[14], e não é demais afirmar esse fator no que tange ao Estado-Empresário nos moldes comunistas. Mas os sistemas de restrições comerciais, a despeito de prejudicar as trocas comerciais, podem visar muito mais. Podem prevenir concorrências predatórias e a manipulação de mercados por corporações monopolistas e visar a maior participação da sociedade na regulamentação de mercado. Em suma, uma suficiente regulamentação pelos Estados, em consonância com os costumes comerciais locais e internacionais, não propõe não primeiramente a restrição aos produtos, mas sugere o consumidor como sujeito de direitos, a sociedade em geral nos temas ambientais e demais direitos de terceira geração. Em última análise, procura uma maior confiança no mercado doméstico, com vista à atração de investimentos externos e internos, sendo "infundada a tese de que tal processo de abertura substitui um sistema legal de defesa da concorrência"[15].

O intuito aqui não é defender o protecionismo mediante subsídios a determinado setor ou medida semelhante. Tal questão é, sem dúvida, uma manipulação de custos e preços tendentes a prejudicar a liberdade sadia do mercado. Não significa que, com esse fundamento, seja necessário anular o Estado como regulador do mercado e protetor de seu nacional, destinatário deste. As regras de proteção fitossanitárias nunca, de modo algum, podem ser subservientes a favorecer um custo-benefício tirano. Não se justifica, muito menos, resgatar o ultrapassado modelo comunista do Estado-Empresário, atuando diretamente na economia. Tal conduta, porém, pode ser assumida quando não existe interesse do mercado em explorar determinado setor ou em situações sensíveis, como calamidade e guerra externa.

No Brasil, vive-se um momento de grande acerto social e democrático. A tendência é a retomada do crescimento, sem que para isso seja necessária uma *capitis deminutio* institucional, uma cisão total do poder soberano, no momento em que o capital está sendo volatizado e trocando de mãos, seria extremamente desvantajoso e desaconselhável. Ademais, o custo do neoliberalismo no atual estágio de desenvolvimento seria uma camisa-de-força social. Aos trabalhadores devem ser garantidos os seus empregos, e os investimentos sociais urgem e merecem maior cautela. A desregulamentação da economia e a liberalização dos mercados nos moldes requeridos por alguns, nesse momento, seria um suicídio e uma entrega da economia nacional ao sabor da especulação e dos monopólios. Contudo, deve ser entendido o advento da globalização. Para tanto, é preciso o socorro da doutrina mais autorizada, como a seguir se destaca:

> Mais uma vez voltamos à importância de entender o advento e difusão do novo paradigma tecno-econômico, e a correlata aceleração do

movimento de globalização e financeirização da economia, não como fenômenos neutros, automáticos e incontroláveis. Mas sim enquanto fenômenos originários das mudanças político-institucionais dos países mais desenvolvidos do mundo. Mudanças estas que induziram ao progressivo movimento de liberalização e desregulação dos mercados mundiais e, sobretudo, à desregulação dos sistemas financeiros e dos mercados de capitais. Isto tudo supostamente associado às crescentes exigências de maior competitividade tanto em nível nacional, quanto internacional por parte de países e empresas. Como uma das conseqüências, aumentaram os desafios à soberania dos Estados-Nações como locus de hegemonia, frente tanto a estas pressões para sua "minimalização"; quanto àquelas para a descentralização e para a maior projeção de novos atores no cenário mundial – blocos regionais, organismos multilaterais e, particularmente, os grandes grupos financeiros e multinacionais. No entanto, apesar do espaço e condições diferenciarem-se do passado, os governos dos países desenvolvidos vêm mantendo sua legitimidade e capacidade de intervir pró-ativamente [sic]. Observa-se, na verdade, a implementação de uma ampla gama de instrumentos cada vez mais complexos (e muitas vezes ainda invisíveis) como forma de contrabalançar os efeitos do grau elevado de exposição das economias ao novo ambiente (Cassiolato, 1996). Desse modo, embora a aceleração da globalização – e particularmente da dimensão financeira – também implique maior condicionamento externo das políticas econômicas nacionais e, portanto, um menor grau de liberdade dos governos nacionais, agora, mais do que nunca, impõe-se a necessidade de novas estratégias e políticas. Em vez de perderem sentido, na verdade as políticas nacionais passam a ter seu alcance, desenho, objetivos e instrumentos reformulados, visando o atendimento dos novos requisitos da era do conhecimento. [...] Para lidar com as profundas mudanças vividas na transição do milênio, colocam-se novas exigências quanto ao papel dos distintos agentes econômicos, governamentais e da sociedade em geral, bem como apresentam-se novas demandas para as políticas e instrumentos de regulação, tanto públicos, como privados. Novas estratégias e alternativas de desenvolvimento, em níveis mundial, nacional e local vêm sendo formuladas para lidar com os desafios aí colocados, exigindo novos modelos e instrumentos institucionais, normativos e reguladores que sejam capazes de encaminhar as questões que se apresentam frente à emergência da era do conhecimento e do padrão de acumulação dominado pelas finanças. Na discussão das novas políticas implementadas na mudança do milênio, em primeiro lugar nota-se a busca por formas de equacionar tais desafios de modo a assegurar que os mesmos não as inviabilizem ou anulem. Particularmente, mas não de forma exclusiva, na Ásia, Europa e América Latina, enfatiza-se também o objetivo de alcançar maior efetividade na implementação das políticas nacionais inserindo-as em programas de âmbito supranacional. Quanto ao foco das novas políticas – e para além do objetivo mais amplo de dinamizar os processos de geração, aquisição e difusão de conhecimentos e de capacitação – destaca-se o papel central da promoção das tecnologias difusoras de progresso técnico. Sua importância e centralidade no novo padrão tornou a capacitação na produção e desenvolvimento de tecnologias da informação e comunicação (TIC) um elemento estratégico das políticas de diferentes países. Assim, países e blocos dedicam-se a traçar estratégias e a promover iniciativas orientadas para enfrentar os novos desafios e alcançar os benefícios que oferece a difusão das TIC e da própria sociedade da informação. Salienta-se sobretudo a importância dos esforços concentrados de pesquisa e desenvolvimento (P&D) e do estímulo à criação de competências nas diferentes etapas desde a concepção, desenvolvimento e produção até a comercialização de equipamentos e sistemas.[16]

Assim, é necessário também se atentar para a questão sobre o comprometimento dos governos com a cláusula social que atenda aos princípios básicos da liberdade de associação dos trabalhadores, do direito à organização e à negociação coletivas, da idade mínima de ingresso ao mercado de trabalho, que garanta a ausência de discriminação no local de trabalho e ainda proíba qualquer forma de trabalho forçado, pode ser considerada compatível com os "paradigmas éticos da proteção aos direitos"[17].

Outra situação preocupante que surge pode ser traduzida de uma estratégia do Pentágono, em que a política dos EUA para os próximos anos seria a manutenção da hegemonia econômica através da submissão dos demais países. Assim, resumindo a situação das nações menos desenvolvidas, entre elas o Brasil, elas vêem-se relegadas a meros "mercados" a serem conquistados, sem consideração alguma dada aos seus problemas sociais, políticos e econômicos e sem nenhuma proteção oferecida pela ordem jurídica internacional, o que as coloca em situação comparativa de grande desvantagem até com os mercados internos das grandes potências. "Esta questão se verifica, mesmo em se desconsiderando a notável e fundamental diferença que representa a soberania dos estados, sem a qual sua independência estaria eliminada e a vontade soberana dos respectivos povos não poderia ser implementada"[18].

O unilateralismo impera no sistema mundial, inclusive pelas agências de crédito internacionais controladas por blocos hegemônicos encabeçados pelos EUA, representando setores bem distintos de interesse econômico. Entre esses setores pode ser mencionada a indústria bancária, "conhecida pela sua irresponsabilidade administrativa e falta de liquidez"[19].

Hoje se ganha muito com a crise, e a cura para eventuais *deficits* é a instabilização dos mercados, ocasionando a fuga de capitais dos países emergentes. A manipulação chega até a maior economia do mundo, ainda mais ao Brasil. A humanidade não está preparada para usufruir da liberdade extrema. Quem sabe dentro de algumas décadas essa hipótese possa ser novamente considerada.

Nesse ponto, é necessária não só uma transparência econômica, mas também um mínimo ético-moral[20], no qual o desenvolvimento precisa da observância de quatro pontos de referência: as metas sociais, os mecanismos adequados para alcançá-las, o marco jurídico positivo correspondente à sociedade e a exigência da consciência moral crítica.

Dessa forma, pode-se extrair um conceito analógico de liberdade de maneira positiva, no qual um ente, para ser livre, precisa ser independente, tanto no seu sentido interno como estar livre de coação externa, fundamentos próprios de seu ser e de seu agir[21]. O que também deve ser questionado é que a liberdade é um conceito que obedece a uma dialética necessária com o conceito da igualdade. Só há uma tendência de aumento real de liberdade quando existe um proporcional aumento da igualdade, sendo esta tomada em seu âmbito material, ou seja, não basta estar em patamar de igualdade, é necessário ser realmente igual. O que não se pode aceitar é a criação maqueada de uma semiliberdade sujeita a uma pressão externa, mas somente mediante um planejamento igualitário. A evolução da sociedade para níveis satisfatórios de convivência, nos quais a liberdade seja um conceito melhor compreendido, ditará a hora certa de haver um mercado sem fronteiras de âmbito global.

O que pode ser traduzido da atual conjuntura é o perigo de uma nova forma de escravidão: a de nações. Para evitar tal efeito, é importante priorizar as noções de democracia e Estado de Direito no âmbito interno. Já no âmbito internacional, é preciso construir um sistema de resolução de controvérsias mais amplo, abrangente e ágil, com igual sentido de democracia, no qual se garanta uma representação mais equânime dos estados e uma participação maior das nações em desenvolvimento, para que a almejada liberdade comercial, em vez de ser ilimitada, seja delimitada e administrada por uma forma legítima e paritária. O que não se pode aceitar é que a regulamentação desse "livre mercado" seja feita pelo próprio mercado, sob pena de escravidão dos povos menos desenvolvidos.

A partir desse ponto, extrai-se a importância da organização da sociedade civil, ou seja, para suprir o *deficit* social criado pela adoção do neoliberalismo. Com o esvaziamento do Estado para a responsabilidade social, criou-se uma dívida interna com a sociedade que, com o passar dos anos, tornou-se impagável. Assim, o terceiro setor surgiu para que a demanda social seja ao menos abrandada e, com o decorrer do desenvolvimento econômico, seja exigida do Estado a repartição das divisas auferidas com a grande parcela dos excluídos.

Traçado esse panorama, é necessário o estudo das modalidades institucionais aplicáveis ao terceiro setor, para um maior entendimento da sua dinâmica interna para a compreensão de sua atuação social.

Capítulo 2
Modalidades institucionais aplicáveis ao terceiro setor

Muitos equívocos pairam sobre as instituições que se enquadram no denominado *terceiro setor*. *Grosso modo*, duas são as modalidades de instituição que podem assumir tal *status*: a associação e a fundação. A compreensão sobre esse instituto será explanada neste capítulo.

2.1 Fundações

Por fundação entende-se a pessoa jurídica que pode ser criada por um só indivíduo, por ato *inter vivos* ou *causa mortis*, em que a eventual reunião de pessoas não influi em sua natureza. O que realmente denota a peculiaridade das fundações é a existência de um conjunto de bens, qualificado pela doutrina como "patrimônio personalizado"[1], destinado a uma das finalidades especificadas na Lei Civil.

Outra peculiaridade presente em lei é a função do Ministério Público como curador das fundações, conforme os artigos 66; 67, III e 69, todos igualmente do Novo Código Civil. Sobre a fiscalização pelo Ministério Público, Diniz ensina:

> *O órgão legítimo para velar pela fundação, impedindo que se desvirtue a finalidade específica a que se destina, é o Ministério Público (Lei nº 6.435/77, art. 86). Conseqüentemente, o órgão do Ministério Público de cada Estado ou o Ministério Público Federal, se funcionar no Distrito Federal ou em Território, terá o encargo de fiscalizar as fundações que estiverem localizadas em sua circunscrição, aprovar seus estatutos no prazo de quinze dias (CPC, art. 1.201) e as suas eventuais alterações ou reformas, zelando pela boa administração da entidade jurídica e de seus bens (RF, 259:373, 279:428, 295:547; RDA, 129:374 e 131:359; Lei complementar federal n. 75/93, arts. 70 e 178; Enunciado n. 10, aprovado na* Jornada de direito civil, *promovida, em 2002, Pelo Centro de Estudos Judiciários do Conselho da Justiça Federal. A ação da fundação poderá circunscrever-se a um só Estado ou a mais de um. Se sua*

atividade estender-se a vários Estados, o Ministério Público de cada um terá o ônus de fiscaliza-la, verificando se atende à consecução do seu objetivo específico. Ter-se-á, então, uma multiplicidade de fiscalização, embora dentro dos limites de cada Estado.[2]

As fundações podem ser classificadas como públicas ou privadas, de acordo com a natureza jurídica pública ou privada do instituidor ou se o Poder Público a mantém.[3] Assim, de regra, se na criação ou na manutenção, direta ou indiretamente, não houver a participação estatal, a fundação será considerada privada e regulada pela Lei Civil.

Contudo, existe uma corrente doutrinária que admite a criação de fundações privadas pelo poder público. Tal tendência é fundamentada no sentido de que, se o patrimônio fundacional for suficiente para a consecução dos seus fins, independente de o ente criador ser público, a sua natureza seria considerada privada.[4] Esse entendimento é parcialmente aceito pelo Tribunal de Contas da União (TCU), no caso das fundações de apoio às universidades federais, no qual se estabeleceu uma distinção no que tange à origem do patrimônio destinado. Se forem utilizados recursos públicos para a instituição da fundação, ela será sempre considerada pública para todos os efeitos, sendo, portanto, integrante da administração indireta, devendo prestar contas e utilizar procedimento licitatório para seus gastos, bem como observar os princípios peculiares à administração pública.[5]

Se, no entanto, os recursos utilizados para a instituição de tal pessoa jurídica forem integralmente privados, ela será considerada privada para todos os fins. A doutrina sobre o tema pode ser resumida como se vê a seguir:

> *Vale insistir que essas fundações, apesar dessa valiosa colaboração, não recebem qualquer tipo de subvenção de órgão público para o custeio de suas despesas. Elas cumprem suas obrigações trabalhistas, previdenciárias, pagam seus fornecedores e os gastos normais para sua sobrevivência, com a receita que obtém de outras fontes, mediante prestação de*

serviços a terceiros. Por óbvio que, a despeito de serem entidades sem fins lucrativos, não é vedado às fundações de apoio exercerem atividades econômicas e através delas conseguirem recursos para o seu auto-sustento. O que é de sua obrigação é que todos os recursos obtidos sejam empregados integralmente na consecução dos objetivos estatutários de cada uma dessas fundações.[6]

Um exemplo dessas fundações privadas instituídas pelo poder público são as fundações de apoio às universidades públicas, tendo as seguintes características:

a. inexigibilidade de concurso público para admissão de pessoal, embora possa ser instituído processo seletivo regimental;
b. reconhecimento como instituições de ensino e assistência social;
c. benefício da imunidade tributária do artigo 150, VI, "c", da CF/88;
d. prestação de serviços reconhecida ao autônomo e inexistência de vínculo empregatício com os bolsistas (artigo 4º, parágrafo 1º, da Lei nº 8.958/94).

O TCU tem a seguinte posição:

A matéria tratada nos autos já mereceu reiteradas Decisões desta Corte, todas elas na mesma linha de entendimento, isto é, devem prestar contas ao Tribunal as Fundações de Apoio instituídas por Lei pelas Universidades Federais, cujos recursos a elas destinados tenham se originado, total ou parcialmente, de contribuições dessas mesmas Instituições de Ensino Superior. Conseqüentemente, essas Fundações não podem receber o mesmo tratamento de outras assemelhadas, que não tiveram qualquer destinação de recurso público para a formação de seu patrimônio. Nesse caso, não estão alcançadas pela Lei nº 6.223/75, artigo 8º, o que significa que estão dispensadas de apresentarem suas contas perante o TCU.[7]

Sobre essa questão, o Supremo Tribunal Federal já se manifestou no sentido de que a natureza jurídica das fundações será de direito público quando: for instituída pelo poder público, bem como a sua finalidade, os recursos e o regime de administrativo de tutela forem peculiares da administração pública, sendo, a *contrario sensu*, privada quando não se apresentarem tais requisitos, conforme o entendimento do STF, em posição transcrita a seguir.

> *A Fundação Nacional de Saúde, que é mantida por recursos orçamentários oficiais da União e por ela instituída, é entidade de direito público. Conflito de competência entre a Justiça Comum e a Federal. Art. 109, I da Constituição Federal. Compete à Justiça Federal processar e julgar ação em que figura como parte fundação pública, tendo em vista a sua situação jurídica conceitual assemelhar-se, em sua origem, às autarquias. Ainda que o artigo 109, I da Constituição Federal, não se refira expressamente às fundações, o entendimento desta Corte é o de que a finalidade, a origem dos recursos e o regime administrativo de tutela absoluta a que, por lei, estão sujeitas, fazem delas espécie do gênero autarquia. Recurso extraordinário conhecido e provido para declarar a competência da Justiça Federal. Votação unânime.*[8]

Hely Lopes Meirelles critica tal posição, pois a Constituição Federal inovou, ao distinguir fundações de autarquias, por trazer "sérios problemas para a administração, com a mudança de sua personalidade jurídica de direito privado para direito público, eliminando, com isso, a fiscalização do Ministério Público para manter somente a do Tribunal de Contas"[9].

Enfim, se prevalecer a posição do Supremo Tribunal Federal, as características principais, ainda segundo Hely Lopes Meirelles, serão[10]:

1. entidades criadas por lei específica da entidade matriz e estruturadas por decreto, independentemente de qualquer registro;
2. necessidade de licitação para os contratos firmados;

3. orçamento formalmente idêntico ao das entidades paraestatais;
4. dirigentes investidos em seus cargos na forma da lei ou do seu estatuto, equiparando-se a "autoridade" no que concerne à função delegada, bem como pessoal contratado de acordo com o regime próprio da entidade criadora e também equiparado a "funcionário público" para efeitos criminais, podendo ser pólo passivo de mandado de segurança e de ação popular;
5. proibição de acumulação remunerada de cargo, emprego ou função.

Feitas essas explanações, depara-se com uma restrição imposta pelo artigo 62, parágrafo único, do Código Civil. No que se refere às suas finalidades, somente poderá ser constituída uma fundação "para fins religiosos, morais, culturais ou de assistência". Dessa maneira, não poderá contratar com o Poder Público quando o objeto a ser contratado divergir das finalidades destacadas, sob pena das disposições do artigo 69 do mesmo código, uma vez que se tornará ilícita a finalidade proposta no certame público perante a fundação a ser contratada, inclusive com a intervenção do Ministério Público, curador das fundações conforme o artigo 66 do código transcrito anteriormente.

Ocorre que a legislação anterior não limitava, como o Novo Código, as finalidades sociais das fundações, e muitas delas se constituíram para outros objetivos. Assim, como se resolve tal impasse? Tais fundações, automaticamente, devem ser extintas? A solução dada pelo legislador não foi tão radical, mas estabeleceu a preservação dos princípios atuais concernentes às fundações. A solução apresentada está prevista no artigo 2.032 do Código Civil em estudo, como transcrito a seguir:

Art. 2.032:
As fundações, instituídas segundo a legislação anterior, inclusive as de fins diversos dos previstos no parágrafo único do art. 62, subordinam-se, quanto ao seu funcionamento, ao disposto neste Código.

Interpretando esse artigo, a proeminente doutrinadora Maria Helena Diniz, com extrema lucidez e maestria, conclui: "Todas as fundações existentes, instituídas de conformidade com a lei anterior, mesmo que não tenham fins religiosos, morais, culturais ou assistenciais, subordinar-se-ão no que atinar ao seu funcionamento aos artigos 44, III, 45, 62 a 69 do novo Código Civil"[11].

Assim, mesmo que constituída anteriormente, deverão obedecer as fundações aos ditames do Novo Código Civil, para continuar funcionando licitamente, e o respeito às finalidades previstas e limitadas pelo artigo 62, parágrafo único, não as torna nulas quanto à sua existência, mas obriga o seu funcionamento dentro dos ditames ali previstos. Ou seja, a fundação deverá funcionar somente no que concerne às finalidades religiosas, morais, culturais ou assistenciais; fora dessas hipóteses, o seu funcionamento será ilícito.

Assim, contratar, por meio de licitação ou por dispensa desse certame, uma fundação, mesmo que instituída pelo poder público, sob o regime privado e sob a legislação anterior à Lei nº 10.046, de 10 de janeiro de 2002 (que institui o Código Civil), fora das finalidades religiosas, morais, culturais ou assistenciais, tornará a contratação nula no que concerne à qualificação jurídica da contratada, uma vez que tal fundação estará funcionando ilicitamente, exercendo o objeto do contrato a ser firmado.

Em sede da Lei nº 9.790/1999, a questão referente às fundações merece um estudo mais cuidadoso. Além de serem válidos os comentários referentes ao Novo Código Civil, que impedirá qualquer fundação de estabelecer vínculo de cooperação se irregular, seja como parceiro público ou privado, deve ser obedecido o disposto nos incisos XI e XII do artigo 2º da Lei das Oscip. Nesses incisos está vedada a qualificação como Oscip às fundações públicas, bem como às fundações privadas criadas por órgão público ou por fundações públicas. Nesse rol encontram-se as fundações de apoio às universidades públicas, que, por vedação legal expressa, não poderão ser qualificadas como Oscip.

Deve ser trazido à baila também o entendimento da Jornada de Direito Civil de 2002, promovida pelo Centro de Estudos Judiciários do Conselho da Justiça Federal, estampado nos enunciados nº 8 e 9, a saber:

> Enunciado 8 – constituição de fundação para fins científicos, educacionais ou de promoção do meio ambiente esta compreendida no CC, artigo 62, parágrafo único;
>
> Enunciado 9 – o art. 62, parágrafo único, deve ser interpretado de modo a excluir apenas as fundações de fins lucrativos.[12]

O enunciado nº 8 interpretou satisfatoriamente a lei porque as finalidades descritas estão inseridas nas finalidades culturais expressas no artigo 62 em questão. Já o enunciado nº 9 pecou na conceituação de fundação, uma vez que alarga sua noção de tal maneira que somente exclui as atividades empresariais de seu bojo.

Não foi o intuito do legislador de 2002 estender os termos do conceito de fundação, uma vez que, ao contrário do legislador de 1916, que não estabeleceu limites para a criação desta, almejou que ele fosse uma entidade eminentemente filantrópica e de forma alguma profissional. A criação das Oscip admite duas modalidades de entidades do terceiro setor: uma eminentemente filantrópica e outra profissional, que exerce de fato uma atuação paralela à atividade empresarial. Apesar de não econômica na sua estrutura institucional, ela poderá atuar com finalidades econômicas sem distribuir lucros a partícipes e parceiros, apesar de poderem apresentar *superavits* de caixa.

Dessa forma, as fundações somente poderão ter como finalidade aquelas descritas como filantrópicas. As demais finalidades excluídas, sem prejuízo das atividades filantrópicas, poderão ser exercidas pelas associações civis a seguir tratadas.

Feitas as considerações sobre a noção de fundação, precisa-se estudar sobre as formalidades institucionais para a sua constituição. O Código Civil prevê que o instituidor poderá constituir uma fundação por ato *inter vivos*, mediante escritura pública ou testamento. No mesmo ato, deverá o instituidor transferir-lhe a propriedade dos bens ou outro direito real, sob pena de mandado judicial. Contudo, caso os bens dotados sejam insuficientes para a execução das finalidades propostas, o seu patrimônio será destinado a outra fundação cujas finalidades sejam iguais ou semelhantes, salvo se de outro modo estipular o instituidor.

Uma vez constituída a fundação, o seu mantenedor, assim que tiver ciência do encargo, elaborará o estatuto da fundação, se o instituidor não o tiver elaborado, de acordo com as bases fixadas e limitações do artigo 62 e seu parágrafo único do Código Civil. Se o instituidor não fixar o prazo para a elaboração dos estatutos e o mantenedor não o fizer em 180 dias, o Ministério Público terá a incumbência de produzi-lo.

Elaborados os estatutos da fundação, deverá a sua minuta ser encaminhada ao Ministério Público para a aprovação de seus termos. Dessa aprovação ou desaprovação caberá recurso ao juiz competente.

O estatuto elaborado e aprovado pelo Ministério Público poderá ser alterado, contudo, deverão ser observados alguns pressupostos para tanto. O artigo 67 do Código Civil estabelece que a reforma dos estatutos:

1. deverá ser deliberada por dois terços dos componentes para gerir e representar a fundação;
2. não contrarie ou desvirtue o fim desta; e,
3. seja aprovada pelo órgão do Ministério Público, e, caso este a denegue, poderá o juiz supri-la, a requerimento do interessado.

Adiciona-se a esse rol, caso a fundação seja uma Oscip, que os estatutos sejam enviados ao Ministério da Justiça, para fins de fiscalização da qualificação.

Se a alteração estatutária da fundação não for aprovada por unanimidade, o Ministério Público, ao lhe ser submetida a alteração estatutária, deverá dar ciência à minoria vencida para impugná-la no prazo de dez dias.

Sobre a extinção das fundações, o artigo 69 estabelece três formas de implemento segundo as finalidades fundacionais estatutárias: quando esta se tornar ilícita, impossível, inútil ou por implemento do prazo de vigência.

A ilicitude da fundação se opera quando seus administradores desvirtuam a sua atuação, aplicando diversamente as suas finalidades ou alterando os estatutos sem as providências legais. A impossibilidade, por sua vez, ocorre quando o objeto ou suas finalidades, por fato ocorrido após sua instituição, torna-se impossível, como no caso da fundação de apoio a uma universidade que for extinta. Uma fundação torna-se inútil quando não existe movimentação por mais de cinco anos.

A extinção da fundação será promovida pelo Ministério Público ou por qualquer interessado e decidida judicialmente. Seu patrimônio será incorporado por outra fundação designada pelo juiz, que se proponha a fim igual ou semelhante, salvo quando o ato constitutivo ou o estatuto dispor contrariamente. O Poder Público será incumbido dessa destinação sendo que, se inexistir qualquer fundação com finalidade idêntica ou semelhante, o patrimônio será incorporado pelo Estado.

2.2 Associações, sociedades civis e institutos

Tanto as associações como as sociedades civis são pessoas jurídicas criadas pela união de pessoas voltadas para um mesmo fim. O diferencial encontra-se na finalidade lucrativa[a]. Se houver ausência de fim lucrativo, será uma associação; ao contrário, se houver presença dessa finalidade, como nos casos das sociedades de profissões regulamentadas (advogados, arquitetos, contadores etc.), será uma sociedade civil. Diniz ensina que:

> tem-se a associação quando não há fim lucrativo ou intenção de dividir um resultado, embora tenha patrimônio, formado por contribuição de seus membros para obtenção de fins culturais, educacionais, esportivos, religiosos, recreativos, morais, etc. Não perde a categoria de associação mesmo que realize negócios para manter ou aumentar o seu patrimônio, sem, contudo, proporcionar ganhos aos associados, por exemplo,

---
a. Ou econômica segundo o Novo Código Civil, artigo 53, com a seguinte redação: "Constituem-se as associações pela união de pessoas que se organizem para fins não-econômicos".

associação esportiva que vende aos seus membros uniformes, alimentos, bolas, raquetes, etc., embora isso traga, como conseqüência, lucro para a entidade. A sociedade civil, por sua vez, é a que visa fim econômico ou lucrativo, que deve ser repartido entre os sócios, sendo alcançado pelo exercício de certas profissões ou pela prestação de certos serviços técnicos[b].[13]

Em sede da Lei nº 9.790/1999, as sociedades civis do direito anterior estão vedadas para qualificação como Oscip, uma vez que possuem fins lucrativos, estando, portanto, fora da noção de terceiro setor, assumindo posição de segundo setor[c]. A mesma linha deve ser tomada para as sociedades simples, uma vez que, no direito atual, nada mais são que as sociedades civis do direito anterior.

A diferença entre as associações civis e as fundações reside no fato de que nas primeiras há uma reunião de pessoas para um fim, sendo que nas fundações há uma reunião de bens direcionados a um fim. Nessas últimas, não há associados nem assembléia de associados, há, sim, curadores e conselho de curadores, sendo a ingerência da lei muito maior. Por essa razão, a maioria das ONGs resolve assumir a configuração de associação, devido à necessidade de maior liberdade de atuação. Nanus e Dobbs ensinam:

A maioria das organizações beneficentes também possuem [sic] clientelas diversas e limites imprecisos. Algumas, como os museus, também recebem apoio de várias fontes – subvenções de fundações, doações, rendimentos da venda de ingressos, venda de produtos, dotações, entre outras. Assim, os líderes das organizações sem fins lucrativos devem estar acostumados

──────────────────

b. Ana Paula Rodrigues Silvano, citando Odete Medauar, estabelece que para as sociedades e para as associações "o substrato encontra-se no elemento 'pessoas' ou no elemento 'corporação'. É a vontade comum de seus integrantes, na qualidade de membros, sócios ou associados, que determina os rumos das sociedades e associações". (SILVANO, 2003, p. 30). Veja também SZAZI, 2000, p. 27.

c. Sobre a questão, ver item 1.1.

à complexidade. Ao contrário dos líderes de empresas, que podem prosperar à medida que seus produtos se tornem ideais para seus mercados, os líderes das organizações do terceiro setor não alcançam o êxito sem se tornarem mestres na construção de relações de trabalho íntimas com todos os tipos de pessoas e com muitas outras organizações. Toda as organizações operam sob restrições financeiras, naturalmente, mas as beneficentes sempre parecem estar mais próximas da margem do que as empresas privadas e órgãos públicos. As aspirações e as necessidades de serviço sempre parecem ultrapassar, e muito, seus orçamentos apertados. Em geral, nunca se sabe de onde virão os fundos necessários ou se chegarão na hora certa. Essa incerteza sobre o financiamento aumentou recentemente, devido ao corte feito pelos governos em todos os níveis das verbas destinadas ao serviço social. Isso aumenta o fardo dos líderes das organizações do terceiro setor que precisam ser engenhosos, ousados e cooperadores. Todas as organizações enfrentam mudanças e desafios provenientes de forças que estão fora do seu controle, mas muitas organizações beneficentes parecem ser peculiarmente sensíveis à mudança [...].[14]

Os institutos, por sua vez, não correspondem a uma espécie de pessoa jurídica. Podem ser utilizados por uma entidade governamental ou privada, constituída sob a forma de uma fundação (como no caso do, Instituto Brasileiro de Geografia e Estatística – IBGE, ou da Fundação Instituto de Pesquisas Econômicas – Fipe) ou de uma associação, exemplo do Instituto Ayrton Senna[15]. Em regra, o termo *instituto* é correlacionado a entidades que se dedicam à educação, à pesquisa ou à produção científica.

Reafirmando que a associação civil é uma união de pessoas que se organizam para fins não lucrativos, o Código Civil prevê, no seu artigo 53, que as finalidades associativas deverão ser NÃO ECONÔMICAS. Ao utilizar essa terminologia, o legislador criou um impasse, confundindo a noção de associação com a noção de fundação, ao disciplinar a NÃO-ECONOMICIDADE daquelas. Assim, melhor seria interpretar o artigo em questão como no direito anterior, ou seja, *não-economicidade* é um sinônimo de *sem fins lucrativos*.

Ainda no artigo 53, o seu parágrafo único estabelece o princípio da inexistência de reciprocidade de direitos e as obrigações entre os associados. Sobre esse princípio, a civilista Diniz leciona:

> *Com a personificação da associação, para efeitos jurídicos, ela passará a ter aptidão para ser sujeito de direitos e obrigações. Cada um dos associados constituirá uma individualidade, e a associação uma outra, tendo cada um seus direitos, deveres e bens, não havendo, porém, entre os associados direitos e deveres recíprocos.*[16]

Ora, essa disposição nada mais é que o reconhecimento da autonomia das pessoas jurídicas segundo a TEORIA DA REALIDADE DAS INSTITUIÇÕES de Hariou, sendo que a pessoa jurídica é uma instituição jurídica e a sua personalidade é um atributo que a ordem jurídica lhe outorga.

No que concerne aos estatutos sociais, o Código Civil estabelece algumas disposições imperativas.

Primeiramente, o estatuto deverá conter um mínimo de disposições, segundo o artigo 54, a saber:

I. a denominação, os fins e a sede da associação;
II. os requisitos para admissão, demissão e exclusão dos associados;
III. os direitos e os deveres dos associados;
IV. as fontes de recursos para a sua manutenção;
V. o modo de constituição e o funcionamento dos órgãos deliberativos;
VI. as condições para a alteração das disposições estatutárias e para a dissolução;
VII. a forma de gestão administrativa e de aprovação das respectivas contas.

Quanto à qualidade dos associados, o Código Civil ainda prevê as seguintes disposições:

1. apesar da obrigatoriedade isonômica dos direitos dos associados, a lei admite a concessão de posições privilegiadas e outorga de direitos

especiais. Implica dizer que os estatutos não poderão menosprezar a participação dos associados, mas podem dar regalias a determinadas classes. Na verdade, um contra-senso;

2. a qualidade de associado em regra é intransmissível, mas o estatuto poderá conter disposição em contrário. Some-se a isso o fato de que a associação civil não é uma sociedade, então não há direitos a fração do capital social. Apesar de o Código Civil deixar em aberto a admissibilidade ou não da constituição de cotas do capital social, em caso positivo, haverá a possibilidade da ocorrência de direitos e de obrigações recíprocos entre os associados, o que é expressamente vedado pelo artigo 53, parágrafo único, do Código Civil;

3. a exclusão dos associados só será admissível por justa causa, ocorrendo falta grave, mediante deliberação fundamentada pela maioria absoluta da assembléia geral especialmente convocada para esse fim.

O artigo 57 do Código Civil prevê que "a exclusão do associado só é admissível havendo justa causa, assim reconhecida em procedimento que assegure direito de defesa e de recurso, nos termos previstos no estatuto". Nota-se a adoção pelo Código Civil do princípio da ampla defesa para tais procedimentos, sob pena de nulidade. Existe um conteúdo objetivo para a exclusão, ou seja, a "justa causa". Entende-se por justa causa uma causa suficiente para a exclusão do associado; assim, o excluído poderá requerer ao Poder Judiciário a revisão dos motivos determinantes que levaram a assembléia geral a tomar tal atitude. Dessa forma, agrega-se mais um detalhe: a assembléia deverá declarar na ata deliberativa os motivos que a levaram a retirar de seu corpo social o associado excluído, igualmente sob pena de nulidade.

A decisão de excluir um associado feita por algum dos órgãos da associação deve ser RATIFICADA pela assembléia geral. O Código Civil, no artigo 57, parágrafo único prevê RECURSO para a Assembléia Geral da decisão de exclusão de associado feita por outro órgão que não seja a assembléia, mas no *caput* estabelece a obrigatoriedade de deliberação desse órgão máximo especialmente convocada para esse fim. Dessa forma, o termo adequado não é *recurso*, mas sim *ratificação*, uma vez que a decisão de exclusão não surtirá efeitos se não for ratificada em assembléia.

No que concerne à competência, à convocação, à deliberação e ao voto perante a assembléia geral, o Código Civil estabelece as seguintes disposições, segundo o artigo 59:

1. compete privativamente à assembléia geral:
   - destituição dos administradores; e,
   - alterar o estatuto.
2. para tais competências será exigida deliberação da assembléia especialmente convocada para esse fim, cujo quórum será o estabelecido no estatuto, bem como os critérios de eleição dos administradores.
3. a convocação dos órgãos deliberativos far-se-á na forma do estatuto, garantido a 1/5 (um quinto) dos associados o direito de promovê-la.

Quanto à dissolução das associações, o Código Civil prevê as seguintes disposições, segundo o artigo 61:

1. o remanescente do patrimônio será destinado à entidade de fins não lucrativos designada no estatuto ou, omisso este, por deliberação dos associados, à instituição municipal, estadual ou federal de fins idênticos ou semelhantes;
2. o artigo 61 do Código Civil que disciplina a dissolução das associações menciona a precedência de dedução de cotas frações ideais, nos termos do artigo 56, parágrafo único, da mesma lei civil. Como já afirmado, associação civil não é sociedade e não existe participação no patrimônio social pelos associados. O patrimônio da associação é distinto dos associados, não há como falar em cotas de patrimônio. No caso de extinção, seu patrimônio em hipótese alguma poderá retornar aos associados.

Se isso fosse verdade, seriam criadas associações de fachada para negócios escusos, com incentivos fiscais e prazo determinado. Vencidos os rendimentos de tais "negócios", a associação seria dissolvida e os dividendos auferidos livres de impostos durante o período seriam destinados aos associados. Assim, os associados não são titulares do patrimônio social da associação e, no caso de sua dissolução, haverá a destinação do remanescente líquido na forma da parte final do *caput* do artigo 61 supramencionado.

Vale para as associações o mesmo critério das fundações, uma vez que, inexistindo associação de finalidade igual ou semelhante, haverá a destinação do patrimônio ao Estado.

Capítulo 3
Modalidades de atuação do terceiro setor

Durante muitos anos, a atuação do terceiro setor era pouco detalhada, sendo que por muitas vezes era confundida com uma empresa e em outras vezes confundida com setor público. Paulatinamente, houve uma sistematização da sua operacionalização. Tendendo às suas finalidades, as instituições poderão atuar para o atendimento de sua responsabilidade social, segundo alguns modelos que possam facilitar sua função privada, porém de interesse público. Os principais modelos serão tratados a seguir.

3.1 Organizações da sociedade civil de interesse público (Oscip)

Considerado o mais importante modelo de atuação do terceiro setor, é necessário, para corresponder a uma didática a análise setorizada de alguns itens de sua essência. Primeiramente será estudado o seu conceito, funcionamento e qualificação, em seguida será tratado dos concursos de projetos, passando para o regulamento próprio para contratações e em seguida uma análise comparativa com outros modelos de atuação do terceiro setor.

Considerações gerais: conceito, funcionamento e qualificação

As Oscip, criadas pela Lei nº 9.790, de 23 de março de 1999 e regulamentadas pelo Decreto nº 3.100, de 30 de junho de 1999, são a última novidade no que tange a atuação regulada do terceiro setor, no qual se estreitou a relação entre as ONGs e o poder público, favorecendo uma importante aliança para a condução de parcerias estratégicas. Tachizawa, sobre a questão, ensina:

> Cabe destacar que a nova lei abre às entidades do terceiro setor um caminho institucional moderno, condizente com as necessidades atuais da sociedade, já que rompe com as velhas amarras regulatórias. Pela

primeira vez, o Estado reconhece publicamente a existência de uma esfera que é pública, não por sua origem, mas por sua finalidade: é pública, embora não estatal.[1]

A tônica da relação advinda da regulamentação das Oscip é o VÍNCULO DE COOPERAÇÃO, ou seja, o estabelecimento de um vínculo de parceria qualificado pela comunhão de esforços para a consecução de um mesmo objetivo – o INTERESSE PÚBLICO.

Tais organizações são pessoas jurídicas de direito privado, sem fins lucrativos, que contêm em seu objetivo social pelo menos uma das finalidades previstas no artigo 3º da Lei nº 9.790/1999, são eles:

a. promoção da assistência social. Conforme o artigo 6º, inciso I do Decreto nº 3.100/1999 entende-se como assistência social o desenvolvimento das atividades previstas no artigo 3º da Lei Orgânica da Assistência Social, ou seja, "prestar, sem fins lucrativos, atendimento e assessoramento aos beneficiários abrangidos pela assistência social, bem como as que atuam na defesa e garantia de seus direitos";
b. promoção da cultura, defesa e conservação do patrimônio histórico e artístico;
c. promoção gratuita da educação, observando-se a forma complementar de participação das Oscip;
d. promoção gratuita da saúde, observando-se a forma complementar de participação das Oscip.

Entende-se como promoção gratuita, conforme o artigo 6º, inciso II, do Decreto nº 3.100/1999, aquela financiada mediante recursos próprios. Não são considerados recursos próprios, conforme o parágrafo 1º do artigo 6º do decreto mencionado, aqueles gerados pela cobrança de serviços de qualquer pessoa física ou jurídica ou obtidos em virtude de repasses ou de arrecadação compulsória. Por fim, o artigo 6º do Decreto nº 3.100/1999, em seu parágrafo 2º, dispõe que o condicionamento da prestação de serviços ao recebimento de doação, contrapartida ou equivalente não poderá ser considerado como promoção gratuita de serviços.

a. promoção da segurança alimentar e nutricional;
b. defesa, preservação e conservação do meio ambiente e promoção do desenvolvimento sustentável;
c. promoção do voluntariado;
d. promoção do desenvolvimento econômico e social e combate à pobreza;
e. experimentação, não lucrativa, de novos modelos socioprodutivos e de sistemas alternativos de produção, comércio, emprego e crédito;
f. promoção de direitos estabelecidos, construção de novos direitos e assessoria jurídica gratuita de interesse suplementar;
g. promoção da ética, da paz, da cidadania, dos direitos humanos, da democracia e de outros valores universais; e,
h. estudos e pesquisas, desenvolvimento de tecnologias alternativas, produção e divulgação de informações e conhecimentos técnicos e científicos que digam respeito às atividades mencionadas.

No *caput* do mesmo artigo, está estabelecida a observância do princípio da "universalização dos serviços". Por esse princípio, a Oscip não deve restringir seus trabalhos a uma única entidade ou a um único órgão, muito menos a uma única finalidade, pois, se assim o fosse, tal organização seria meramente uma coligação com benefícios a empresas ou a um departamento governamental, o que foge ao âmbito legal.

O parágrafo único do artigo 3º disciplina:

> *Para os fins deste artigo, a dedicação às atividades nele previstas configura-se mediante a* EXECUÇÃO DIRETA *de projetos, programas, planos de ações correlatas, por meio da doação de recursos físicos, humanos e financeiros, ou ainda pela* PRESTAÇÃO DE SERVIÇOS INTERMEDIÁRIOS *de apoio a outras organizações sem fins lucrativos e a órgãos do setor público que atuem em áreas afins.*

A amplitude dessa disciplina pode dar um maior campo de atuação para as Oscip, uma vez que admite como legal a execução direta de projetos, programas e planos de ações, bem como a prestação de serviços intermediários (leia-se intermediação de serviços) de apoio a entidades congêneres e também ao poder público. Isso significa que a participação das Oscip na prestação de serviços para o poder público será significativamente maior e elástica, e aquelas que se dedicarem à pesquisa poderão ser contratadas diretamente, com dispensa de licitação, conforme o artigo 24, inciso XIII, da Lei nº 8.666/1993.

Contudo, tal dispensa deve ser abalizada com cuidado pelo poder público, uma vez que a regra será a licitação. Essa dispensa deverá corresponder aos princípios regentes dos contratos administrativos, com apuração prévia do preço do serviço, correspondendo uma vantagem ao erário público, seja no quesito preço ou no quesito serviço diferenciado pela sua eficiência, o que corresponderá, indiretamente, a vantagem para os cofres públicos.

Outro prisma a ser analisado é uma alternativa às empresas com fins lucrativos, pois o eventual *superavit* proveniente do serviço, em vez de se reverter somente aos sócios desta, será revertido à sociedade civil. Apesar disso, a dispensa deve ser suficientemente justificada, conforme a posição de Niebuhr transcrita a seguir:

> *A cada dia é mais freqüente a participação da sociedade civil organizada em assuntos relacionados ao bem-estar da coletividade, portanto que dizem respeito ao interesse público. E a sociedade civil costuma atuar mediante a criação de associações, instituições ou fundações, que são entidades dotadas de personalidade jurídica, sem fins lucrativos, que costumam ser denominadas de "terceiro setor". Como tais entidades desenvolvem atividades pertinentes ao interesse público, o legislador reputou dever-se, em alguns casos, estreitar as relações delas com a Administração Pública, possibilitando a contratação direta, por dispensa de licitação pública.*
>
> *Nessas hipóteses, a dispensa de licitação pública é um modo concebido*

para que a Administração fomente as atividades de tais entidades; logo, representa uma espécie de incentivo. Em vez de realizar licitação pública, tratando com igualdade todos os possíveis interessados em contratos administrativos, o legislador resolveu distinguir ditas entidades, oferecendo-lhes tratamento privilegiado, permitindo que a Administração não proceda ao certame, contratando-as diretamente, por meio de dispensa.

Convém ressaltar que, nesses casos, a realização de licitação não imporia qualquer espécie de gravame ou prejuízo direto ao interesse público. A utilidade pretendida pela Administração mediante o contrato poderia ser contemplada tanto com esse tipo de contratação direta, quanto com recurso à licitação. Dessa sorte, a dispensa justifica-se na conveniência ou necessidade de fomentar certas atividades vinculadas ao interesse público, mesmo que levadas a cabo por entidades privadas. A idéia é contratar ditas entidades especialmente qualificadas, que, mesmo indiretamente, propiciam retorno ao interesse público, em vez de contratar qualquer outra entidade, cujo retorno, consubstanciado em lucro, é compartilhado apenas entre os seus sócios.[2]

No que concerne à vedação para qualificação como Oscip, o artigo 2º da Lei nº 9.790/1999 disciplina o tema estabelecendo o seguinte rol restritivo:

I. as sociedades comerciais;
II. os sindicatos, as associações de classe ou de representação de categoria profissional;
III. as instituições religiosas ou voltadas para a disseminação de credos, cultos, práticas e visões devocionais e confessionais;
IV. as organizações partidárias e assemelhadas, inclusive suas fundações;
V. as entidades de benefício mútuo destinadas a proporcionar bens ou serviços a um círculo restrito de associados ou sócios;
VI. as entidades e empresas que comercializam planos de saúde e assemelhados;

VII. as instituições hospitalares privadas não gratuitas e suas mantenedoras;
VIII. as escolas privadas dedicadas ao ensino formal não gratuito e suas mantenedoras;
IX. as organizações sociais;
X. as cooperativas;
XI. as fundações públicas;
XII. as fundações, sociedades civis ou associações de direito privado criadas por órgão público ou por fundações públicas;
XIII. as organizações creditícias que tenham qualquer tipo de vinculação com o sistema financeiro nacional a que se refere o art. 192 da Constituição Federal.

O artigo 4º dessa lei em exame dispõe que o estatuto social das pessoas jurídicas que pretendam qualificar-se como Oscip deverá prever, expressamente, as seguintes disposições:

a. a observância dos princípios de legalidade, impessoalidade, moralidade, publicidade, economicidade e de eficiência.
Observar esses princípios significa: almejar a finalidade legal de interesse coletivo, de maneira honesta e transparente, buscando, por meio de métodos criativos e eficazes, alcançar o maior benefício social com um menor dispêndio de recursos.
b. a adoção de práticas de gestão administrativa, necessárias e suficientes a coibir a obtenção, de forma individual ou coletiva, de benefícios ou vantagens pessoais, em decorrência da participação no respectivo processo decisório.
Essa restrição advém do artigo 1º, parágrafo 1º da lei, como determinante para a configuração de uma entidade sem fins lucrativos. Não se admite que a Oscip seja sem fins lucrativos meramente em seus estatutos e documentos legais, mas também que não gere lucros aos seus componentes. Visando essa premissa, o artigo 7º do Decreto nº 3.100/1999 diz que se entende como benefícios ou vantagens pessoais

os obtidos pelos dirigentes da entidade e seus cônjuges, companheiros e parentes colaterais ou afins até o terceiro grau, bem como aqueles obtidos pelas pessoas jurídicas das quais os mencionados sejam controladores ou detenham mais de 10% das participações societárias;

c. constituição de conselho fiscal ou órgão equivalente, dotado de competência para opinar sobre os relatórios de desempenho financeiro e contábil e sobre as operações patrimoniais realizadas, emitindo pareceres para os organismos superiores da entidade.

Isso somente reforça a atuação dos conselhos fiscais. A Lei das Sociedades Anônimas já previa tais conselhos (artigos 161 a 165), que já eram aplicados nas modalidades institucionais do terceiro setor;

d. a previsão é de que, em caso de dissolução da entidade, o respectivo patrimônio líquido será transferido a outra pessoa jurídica qualificada nos termos dessa lei, de preferência que tenha o mesmo objeto social da extinta.

Aqui o legislador preferiu conservar o patrimônio das Oscip no próprio sistema e valorizar ainda o setor com um subsistema distinto dos demais, devido a sua importância social;

e. a previsão de que, na hipótese de a pessoa jurídica perder a qualificação instituída por essa lei, o respectivo acervo patrimonial disponível, adquirido com recursos públicos durante o período em que perdurou aquela qualificação, será transferido a outra pessoa jurídica qualificada nos termos dessa lei, preferencialmente que tenha o mesmo objeto social.

Mais uma nuance da sistemática adotada pelo legislador, valendo aqui o comentário referente ao item anterior;

f. a possibilidade de instituir remuneração para os dirigentes da entidade que atuem efetivamente na gestão executiva e para aqueles que a ela prestam serviços específicos, respeitados, em ambos os casos, os valores praticados pelo mercado, na região correspondente a sua área de atuação.

Para evitar perda de incentivos fiscais, a remuneração dos dirigentes não deve ser superior ao dos servidores federais, conforme a disciplina o artigo 34 da Lei nº 10.637/2002;

g. as normas de prestação de contas a serem observadas pela entidade, que determinarão, no mínimo:
    *   a observância dos Princípios Fundamentais de Contabilidade e das Normas Brasileiras de Contabilidade. Essas normas básicas são: a Resolução nº 750/1993, a Resolução nº 751/1993, a Resolução nº 774/1994 e a Resolução nº 803/1996, todas do Conselho Federal de Contabilidade;
    *   que se dê publicidade por qualquer meio eficaz, no encerramento do exercício fiscal, ao relatório de atividades e das demonstrações financeiras da entidade, incluindo-se as certidões negativas de débitos junto ao Instituto Nacional do Seguro Social (INSS) e ao Fundo de Garantia do Tempo de Serviço (FGTS), colocando-os à disposição para exame de qualquer cidadão;
    *   a realização de auditoria, inclusive por auditores externos independentes se for o caso, da aplicação dos eventuais recursos objeto do termo de parceria, conforme previsto em regulamento;
    *   a prestação de contas de todos os recursos e bens de origem pública recebidos pelas Oscip será feita conforme determina o parágrafo único do artigo 70 da Constituição Federal. Por essa disciplina, as Oscip estão sujeitas a fiscalização contábil e financeira dos Tribunais de Contas no que concerne aos recursos públicos que utilizarem.

O parágrafo único do artigo 4º da Lei nº 9.790/1999, com a redação dada pela Lei nº 10.539 de 23 de setembro de 2002, dispõe sobre a possibilidade de participação de servidores públicos no conselho das Oscip. Contudo, essa participação deve ser gratuita, sem percepção de remuneração ou subsídio, a qualquer título.

Após tratar dos requisitos e das vedações, a Lei em exame fixa o procedimento para a qualificação de uma Oscip; tais disposições encontram-se nos artigos de 5º a de 8º. Fazendo um roteiro, extraem-se as seguintes etapas:

a. formulação de requerimento escrito ao Ministério da Justiça, instruído com cópias dos seguintes documentos: estatuto registrado em cartório,

ata de eleição de sua atual diretoria, balanço patrimonial e demonstração do resultado do exercício, declaração de isenção do imposto de renda e inscrição no Cadastro Geral de Contribuintes (artigo 5º);
b. decisão de deferimento ou não do requerimento, no prazo de trinta dias (artigo 6º, *caput*);
c. no caso de deferimento, o Ministério da Justiça emitirá, no prazo de 15 dias da decisão, certificado de qualificação da requerente como Oscip;
d. no caso de indeferimento do requerimento, no mesmo prazo de 15 dias, dará ciência da decisão, mediante publicação no Diário Oficial da União (artigo 6º, parágrafo 2º). Somente será indeferido o pedido quando a requerente:
- enquadrar-se nas hipóteses do artigo 2º (entidades que não são passíveis de qualificação);
- não atender os requisitos da lei (artigos 3º e 4º);
- quando a documentação estiver incompleta.

Como se nota dos dispositivos apontados, o ato de deferimento é vinculado, ou seja, uma vez obedecidas as exigências legais, não poderá o Ministério da Justiça indeferir o pedido sob o fundamento de conveniência e de oportunidade ou por interesse público, traços marcantes do ato discricionário.

Nas disposições transitórias, a Lei nº 9.790/1999 cita, ainda, algumas regras a serem obedecidas. No artigo 16, é vedado às Oscip participarem de campanhas de interesse político-partidário ou eleitorais, sob quaisquer meios ou formas[a].

No artigo 17, está explícito que o Ministério da Justiça permitirá, mediante requerimento dos interessados, livre acesso a todas as informa-

---
a. O próprio art. 2º, inciso IV da mesma lei, como já demonstrado, veda a qualificação às "organizações partidárias e assemelhadas, inclusive suas fundações". Se mesmo assim ocorrer a participação, a Oscip estará sujeita a desqualificação.

ções pertinentes às Oscip[b].

Já o artigo 18 permite que as pessoas jurídicas de direito privado, qualificadas com base em outros diplomas legais[c], possam ser qualificadas como Oscip, desde que estejam presentes os requisitos autorizadores. A redação original desse último artigo fixava o prazo de dois anos para a opção de manutenção qualificação disciplinada pela lei em exame. Contudo, esse artigo foi alterado pela Medida Provisória nº 2.123-29, de 23 de fevereiro de 2001, dando nova redação ao artigo 18 da Lei nº 9.790/1999, ampliando o prazo de opção para cinco anos[d].

O concurso de projetos

Outra questão relevante é a que concerne ao concurso de projetos, previsto no *caput* do artigo 23, do Decreto nº 3.100/1999, sobre ser ou não uma medida facultativa ao parceiro público, uma vez que o seu texto diz que:

---

b. Tanto é verdade que está disponibilizado no *site* do Ministério da Justiça, o serviço de consulta pública sobre as Oscip em funcionamento no País. O endereço do *site* é: http://www.mj.gov.br. Assim sendo, está obedecido o princípio da publicidade.

c. São exemplos de titulações concedidas ao terceiro setor: 1) Título de Utilidade Pública Federal, prevista na Lei nº 91, de 28/08/1935 e regulamentada pelo Decreto nº 50.517, de 02/05/1961; 2) Registro no Conselho Nacional de Assistência Social (CNAS), regulado pela Resolução nº 31 do CNAS, de 24/02/1999; 3) Certificado de Entidades de Fins Filantrópicos, prevista no Decreto nº 3.540, de 13/06/2000 e regulado pela Resolução 177 do CNAS, de 10/08/2000. Estes títulos serão oportunamente estudados.

d. A redação determinada pelo art. 18 da Medida Provisória nº 2.216-37/2001 é a seguinte: "Art. 18. As pessoas jurídicas de direito privado sem fins lucrativos, qualificadas com base em outros diplomas legais, poderão qualificar-se como Organizações da Sociedade Civil de Interesse Público, desde que atendidos aos requisitos para tanto exigidos, sendo-lhes assegurada a manutenção simultânea dessas qualificações, até cinco anos contados da data de vigência desta Lei. § 1º Findo o prazo de cinco anos, a pessoa jurídica interessada em manter a qualificação prevista nesta Lei deverá por ela optar, fato que implicará a renúncia automática de suas qualificações anteriores".

a escolha da Organização da Sociedade Civil de Interesse Público, para a celebração do Termo de Parceria, poderá ser feita por meio de publicação de edital de concurso de projetos pelo órgão estatal parceiro para obtenção de bens e serviços e para a realização de atividades, eventos, consultorias, cooperação técnica e assessoria.

Em uma primeira análise, pode ser verificada a faculdade do parceiro público em utilizar o concurso de projetos. A situação deve ser analisada sob um enfoque racional, proposto a seguir.

Existem projetos cuja iniciativa é da própria Oscip: esta elabora um trabalho favorecendo o BEM COMUM e busca uma PARCERIA com o Poder Público para a sua execução. Nessa hipótese, não há razão para a instauração do concurso, uma vez que a Oscip proponente é a autora do projeto e, caso não seja oportuna a sua execução, não poderá sê-lo com outra organização. Contudo, a Oscip é obrigada a desempenhar com o mesmo zelo que a própria administração está obrigada a utilizar, pois a lei obriga as Oscip a observarem os princípios previstos no artigo 4º, inciso I da Lei nº 9.790/1999 e que deverão obrigatoriamente constar no seu estatuto social. Isso significa que a Oscip deverá a uma carga principiológica semelhante à da administração pública, sem, contudo, ter a contrapartida das prerrogativas a esta conferida. Chega-se à conclusão de que o mesmo sistema de fiscalização aplicado ao poder público será aplicável também às Oscip, sem as prerrogativas peculiares, entre elas o foro especial. Assim, é mais simples fiscalizar as Oscip que a própria administração pública.

Outra realidade ocorre quando a autoria do projeto é do próprio poder público. Não sendo conveniente a administração implementá-la, por razões de falta de estrutura e até por questões de eficiência, resolve estabelecer parceria com alguma Oscip, sendo que existem várias delas que podem executar o projeto com as mesmas eficiência e presteza, o concurso de projetos deverá ser instaurado sob pena de responsabilidade. Afirma-se isso não pelo caráter competitivo da demanda, pois, se assim o fosse, seria necessário socorrer-se do processo licitatório, mas sim pelo princípio da impessoalidade/finalidade, pois a administração pública não poderá favorecer uma instituição em detrimento de outras que poderiam perfeitamente executar o objeto. Agindo assim, o poder público estará praticando o ato com desvio de finalidade. Mesmo com a necessidade do concurso de projetos, será igualmente necessária a observância dos princípios mencionados. Sobre o assunto é válida a transcrição da posição de Meirelles:

> *O desvio de finalidade ou de poder verifica-se quando a autoridade, embora atuando nos limites de sua competência, pratica ato por motivos ou com fins diversos dos objetivados pela lei ou exigidos pelo interesse público. O desvio de finalidade ou de poder é, assim, a violação ideológica da lei, ou, por outras palavras, a violação moral da lei, colimando o administrador público fins não queridos pelo legislador, ou utilizando motivos e meios imorais para a prática de um ato administrativo aparentemente legal. Tais desvios ocorrem, p. ex., quando a autoridade pública decreta uma desapropriação alegando utilidade pública mas visando, na realidade, a satisfazer interesse pessoal próprio ou favorecer algum particular com a subseqüente transferência do bem expropriado; ou quando outorga uma permissão sem interesse público; ou, ainda, quando classifica um concorrente por favoritismo, sem tender aos fins objetivados pela licitação.*
>
> *O ato praticado com desvio de finalidade – como todo ato ilícito ou imoral – ou é consumado às escondidas ou se apresenta disfarçado sob o capuz da legalidade e do interesse público. Diante disso, há que ser surpreendido e identificado por indícios e circunstâncias que revelem a distorção do fim legal, substituído habilidosamente por um fim ilegal ou imoral não desejado pelo legislador. A propósito, já decidiu o STF que: "Indícios vários e concordantes são prova". Dentre os elementos indiciários do desvio de finalidade está a falta de motivo ou a discordância dos motivos com o ato praticado. Tudo isto dificulta a prova do desvio de poder ou de finalidade, mas não a torna impossível se recorrermos aos antecedentes do ato e à sua destinação presente e futura por quem o praticou.*[3]

Uma vez instaurado o concurso de projetos, a Administração Pública não poderá estabelecer Termo de Parceria, com mesmo objeto, fora do concurso iniciado, conforme o parágrafo único do artigo 23 do Decreto nº 3.100/1999.

O procedimento do concurso está disciplinado nos artigos de 24 a 31 do decreto citado, compreendendo o seguinte:

1. Na etapa de preparação do concurso, o Poder Público deverá preparar a especificação técnica do objeto do futuro termo de parceria com clareza, objetividade e detalhamento (artigo 24).
2. O concurso se regerá por um edital que conterá no mínimo informações sobre:
   - prazos, condições e forma de apresentação das propostas;
   - especificações técnicas do objeto do Termo de Parceria;
   - critérios de seleção e julgamento das propostas;
   - datas para apresentação de propostas;
   - local de apresentação de propostas;
   - datas do julgamento e data provável de celebração do Termo de Parceria e valor máximo a ser desembolsado (artigo 25).
3. A Oscip, nos termos e nos prazos fixados no edital, deverá apresentar o seu projeto técnico e o detalhamento dos custos a serem realizados na sua implementação ao órgão estatal parceiro, sob a forma de um projeto básico. Essas informações deverão constar do Plano de Trabalho se a Oscip for selecionada (artigo 26). Sobre o Plano de Trabalho será oportunamente estudada a sua forma de apresentação, bem como a elaboração do projeto básico.
4. Na seleção e no julgamento dos projetos, será levado em conta o seguinte:
   - o mérito intrínseco e a adequação ao edital do projeto apresentado;
   - a capacidade técnica e operacional da candidata;
   - a adequação entre os meios sugeridos, seus custos, cronogramas e resultados;

- o ajustamento da proposta às especificações técnicas;
- a regularidade jurídica e institucional da OSCIP; e,
- a análise dos documentos a seguir enumerados (artigo 27): relatório anual de execução de atividades; demonstração de resultados do exercício; balanço patrimonial; demonstração das origens e aplicações de recursos; demonstração das mutações do patrimônio social; notas explicativas das demonstrações contábeis, caso necessário; e, parecer e relatório de auditoria independente da aplicação dos recursos objeto do termo de parceria, nos termos do artigo 19 do Decreto nº 3.100/1999, se o montante dos recursos for maior ou igual a R$ 600.000,00 (seiscentos mil reais).

5. Tendo em vista os princípios da legalidade, impessoalidade/finalidade, moralidade, publicidade e eficiência, serão vedadas a desqualificação ou critérios de pontuação (artigo 28):
   - o local do domicílio da Oscip ou a exigência de experiência de trabalho da organização no local de domicílio do órgão parceiro estatal;
   - a obrigatoriedade de consórcio ou associação com entidades sediadas na localidade onde deverá ser celebrado o termo de parceria;
   - o volume de contrapartida ou qualquer outro benefício oferecido pela Oscip.

6. O julgamento será realizado sobre o conjunto das propostas das Oscip, não sendo aceitos como critérios de julgamento os aspectos jurídicos, administrativos, técnicos ou operacionais não estipulados no edital do concurso (artigo 29).

7. O poder público designará uma comissão julgadora para o concurso, que será composta, no mínimo, por um membro do Poder Executivo, um especialista no tema do concurso e um membro do Conselho de Política Pública da área de competência, quando houver. O trabalho dessa comissão não será remunerado. O poder público deverá instruir a comissão julgadora sobre a pontuação pertinente a cada item da proposta ou projeto e zelará para que a identificação da organização proponente seja omitida. A comissão pode solicitar ao órgão

estatal parceiro informações adicionais sobre os projetos. A comissão classificará as propostas das Oscip obedecidos aos critérios estabelecidos no Decreto nº 3.100/1999 e no edital que regerá o concurso (artigo 30).

8. Após o julgamento definitivo das propostas, a comissão apresentará, na presença dos concorrentes, os resultados de seu trabalho, indicando os aprovados. O órgão estatal parceiro:
   - não examinará recursos administrativos contra as decisões da comissão julgadora;
   - não poderá anular ou suspender administrativamente o resultado do concurso nem celebrar outros termos de parceria com o mesmo objeto sem antes finalizar o processo iniciado pelo concurso (artigo 31, *caput* e parágrafo 1º);
9. Após o anúncio público do resultado do concurso, o órgão estatal parceiro o homologará, sendo imediata a celebração dos termos de parceria pela ordem de classificação dos aprovados (artigo 31, parágrafo 2º).

Estudada a generalidade do concurso de projetos, passa-se para o regulamento próprio para contratações.

O regulamento próprio para contratações

O artigo 14 da Lei nº 9.790/1999 prevê a obrigatoriedade de a Oscip elaborar um regulamento próprio para a contratação de obras e de serviços, bem como para compras com recursos públicos. Esse artigo é regulamentado pelo artigo 21 do Decreto nº 3.100/1999, contudo, não explicita muito mais do que já estava previsto na lei.

Em face dessa não-regulamentação suficiente, muitas especulações pairam sobre tal regulamento próprio. Nada mais resta senão propor uma interpretação do artigo 14 da Lei das Oscip. Dessa forma, são feitas as seguintes propostas:

   a. o regulamento próprio deve estabelecer regras suficientes para a seleção da melhor proposta, uma vez que deve obedecer aos princípios da legalidade, impessoalidade, moralidade, publicidade, economicidade e da eficiência. Deve, em virtude desses princípios, garantir o julgamento objetivo das propostas, publicar em jornal de grande circulação suas conclusões, podendo tal publicação ocorrer via internet, e ter a finalidade de alcançar o melhor custo-benefício;

b. a Oscip está obrigada a utilizar este regulamento nos projetos oriundos de termos de parceria financiados com recursos públicos, mesmo que parciais;

c. o prazo de 30 dias a que se refere a lei conta-se do início da vigência do termo de parceria; e,

d. a remessa da cópia do regulamento próprio ao parceiro público deve ser efetuada no mesmo prazo de 30 dias que vigora para a publicação.

Por fim, a Lei nº 9.790/1999 também criou uma instrumentação peculiar de pactuação das Oscip com o poder público: os termos de parceria, previsto nos artigos 9º a 15º. Esse instrumento será objeto de estudo oportunamente.

Títulos previstos em outros diplomas legais

A Lei nº 9.790/1999, no seu artigo 18, estabeleceu a possibilidade de entidades qualificadas com base em outros diplomas legais poderem se qualificar como Oscip e manterem a simultaneidade com os outros títulos pelo prazo de cinco anos, em virtude da Medida Provisória nº 2.123-29, de 23 de fevereiro de 2001, que alterou a redação do artigo 18 da lei em exame.

Esses títulos são o de Utilidade Pública Federal, o Registro no Conselho Nacional de Assistência Social (CNAS) e o Certificado de Entidades de Fins Filantrópicos. Todos esses títulos são concedidos a associações civis e fundações que se enquadram em seus dispositivos. Assim, serão estudados em separado para a compreensão e a comparação com a qualificação como Oscip.

Título de utilidade pública federal

As associações e/ou fundações criadas segundo a Lei Civil e que sirvam ao interesse público, conforme a Lei nº 91, de 28 de agosto de 1935 e regulamentadas pelo Decreto nº 50.517, de 02 de maio de 1961, poderão ser declaradas de utilidade pública de acordo com a avaliação dos requisitos pela Divisão de Outorgas e Títulos do Ministério da Justiça e declaradas por ato do Ministro da Justiça.

Para tanto, a entidade deverá obedecer aos seguintes requisitos, conforme a já mencionada Lei 91/1935 e o Decreto nº 50.517/1961:

a. requerimento em via original, dirigido ao Excelentíssimo Senhor Ministro da Justiça, solicitando a declaração de utilidade pública federal, em que constarão os dados relevantes, como nome, forma jurídica (associação ou fundação), endereço e objetivo social da entidade, firmado pelo seu presidente, também formalmente identificado (nome, RG, CPF, endereço, estado civil e profissão);
b. cópia autenticada do estatuto social. Se a entidade for uma fundação, deverão ser observados os documentos comprobatórios da fiscalização do Ministério Público;
c. certidão em via original, expedida pelo Cartório de Registro de Pessoas Jurídicas, atestando o registro do estatuto e as alterações, se houver, no respectivo livro de registro de pessoas jurídicas;
d. cópia autenticada do cartão de inscrição no CNPJ;
e. cópia autenticada da ata de eleição da diretoria atual, registrada no Cartório de Registro de Títulos e Documentos;
f. qualificação completa dos membros da diretoria atual e atestado de idoneidade moral expedido por autoridade local (se de próprio punho, deverá ser declarado sob as penas da lei), em via original;
g. cláusula do estatuto em que conste literalmente que a instituição não remunera, por qualquer forma, cargos de sua diretoria, conselhos fiscais, deliberativos ou consultivos e que não distribua lucros, bonificações ou vantagens a dirigentes, mantenedores ou associados, sob forma alguma ou pretexto;

h. atestado original de autoridade local (prefeito, juiz de direito, promotor de justiça, delegado de polícia etc.) com a informação de que a instituição esteve e está em contínuo e efetivo funcionamento nos últimos três anos, com estrita observância de seus preceitos estatutários;
i. relatórios quantitativos e qualitativos das atividades desenvolvidas pela entidade nos últimos três anos, separadamente, ano a ano. Se mantenedora, deverá apresentar conjuntamente os relatórios das mantidas, tudo em via original e assinados pelo representante legal da entidade;
j. quadros demonstrativos detalhados das receitas e das despesas dos últimos três anos, separadamente, ano a ano. Se, separadamente, assinado por profissional habilitado com carimbo e número de inscrição no Conselho Regional e contabilidade. Se mantenedora, deverá apresentar conjuntamente os demonstrativos das mantidas, tudo em via original;
k. declaração original da requerente de que obriga a publicar, anualmente, o demonstrativo das receitas e das despesas realizadas no período anterior, quando subvencionada pela União, firmada em papel timbrado pelo representante legal.

Se aprovado, o reconhecimento constará de ato publicado no Diário Oficial da União, não havendo a expedição de nenhum diploma em favor da entidade. Se denegado o pedido, ele não poderá ser renovado antes de decorridos dois anos, a contar da data da publicação do despacho denegatório, do qual caberá pedido de reconsideração, no prazo de 120 dias, em recurso circunstanciado, apresentando fatos e argumentos que justifiquem a declaração de utilidade pública.

Em conseqüência do reconhecimento da utilidade pública, a entidade assumirá a obrigação de apresentar anualmente, até 30 de abril, ao Ministério da Justiça, relatório circunstanciado dos serviços prestados à coletividade no ano civil anterior, devidamente acompanhado do demonstrativo da receita e das despesas realizadas no período, ainda que não subvencionadas. Caso parte das receitas tenha sido fruto de subvenção federal, o relatório deverá ser acompanhado da prova de publicação das demonstrações financeiras.

Ainda segundo a lei, a cassação do título poderá ocorrer de ofício pelo Ministério da Justiça ou mediante representação devidamente documentada, quando ocorrer uma das seguintes hipóteses:

a. deixar de apresentar, durante três anos consecutivos, o relatório anual;
b. negar-se a apresentar serviço compreendido em seus fins estatutários;
c. retribuir por alguma forma os membros de sua diretoria e conselhos, ou conceder lucros, bonificações ou vantagens a dirigentes, mantenedores ou associados.

Do ato que cassar a declaração de utilidade pública caberá pedido de reconsideração, o qual será recebido sem efeito suspensivo.

As vantagens da qualificação de utilidade pública são: poderá a entidade oferecer dedução fiscal no Imposto de Renda, em doações de pessoas jurídicas; ter acesso a subvenções e a auxílios da União Federal e suas autarquias, bem como a possibilidade de realizar sorteios, desde que autorizada pelo Ministério da Justiça.

Deve-se notar que, com o surgimento da qualificação como Oscip, as vantagens da titulação de utilidade pública restou vazia, uma vez que aquela qualificação, além de ser menos burocrática, concede à organização maiores condições de atuação.

Registro no Conselho Nacional
de Assistência Social (CNAS)

O procedimento de registro no CNAS está regulado pela Resolução 31, de 24 de fevereiro de 1999, daquele órgão, determinando ser viável o registro de entidades sem fins lucrativos que promovam as seguintes atividades:

a. proteção à família, à infância, à maternidade, à adolescência e à velhice;

b. amparo às crianças e aos adolescentes carentes;
c. ações de prevenção, habilitação, reabilitação e integração à vida comunitária de pessoas portadoras de deficiência;
d. integração ao mercado de trabalho;
e. assistência educacional ou de saúde;
f. desenvolvimento da cultura;
g. atendimento e assessoramento aos beneficiários da Lei Orgânica da Assistência Social e defesa e garantia de seus direitos.

A norma legal exige que o registro seja concedido a entidades novas, com menos de um ano de existência legal, desde que seu estatuto estabeleça que:

a. apliquem suas rendas, recursos e eventual resultado operacional integralmente no território nacional, na manutenção e no desenvolvimento de seus objetivos institucionais;
b. não distribuam resultados, dividendos, bonificações, participações ou parcela do seu patrimônio de forma alguma;
c. não percebam seus diretores, conselheiros, sócios, instituidores, benfeitores ou equivalentes remuneração, vantagens ou benefícios, direta ou indiretamente, por qualquer forma ou título, em razão das competências, das funções ou das atividades que lhes sejam atribuídas pelos respectivos atos constituídos;
d. em caso de dissolução ou de extinção, destinem o eventual patrimônio remanescente à entidade congênere registrada no CNAS ou à entidade pública;
e. prestem serviços permanentes e sem qualquer discriminação de clientela.

São documentos necessários ao encaminhamento do pedido de registro ao CNAS:

a. requerimento-formulário fornecido pelo CNAS, em via original,

devidamente preenchido, datado e assinado pelo representante legal da entidade, que deverá rubricar todas as folhas;
b. cópia autenticada do estatuto social registrado em cartório nos termos da lei, com identificação do mesmo cartório em todas as folhas e transcrição dos dados do registro no próprio documento ou em certidão;
c. cópia autenticada do cartão de inscrição no Cadastro Nacional da Pessoa Jurídica (CNPJ);
d. cópia autenticada da ata de eleição da diretoria atual averbada no cartório competente;
e. declaração de que a entidade está em pleno e regular funcionamento, cumprindo suas finalidades estatutárias, na qual constem relação nominal, qualificação completa e endereço dos membros da diretoria atual, conforme modelo fornecido pelo CNAS, assinada pelo dirigente da entidade, em via original;
f. comprovante de inscrição no Conselho Municipal de Assistência Social do município de sua sede, se houver, ou do conselho correspondente no âmbito estadual;
g. relatórios quantitativos e qualitativos das atividades desenvolvidas pela entidade, tudo em via original, assinados pelo representante legal da entidade.

Aprovado o registro, será publicado no Diário Oficial da União, expedindo-se o certificado de registro em favor da entidade. Denegado o registro, poderá ser pedida a reconsideração ao próprio CNAS, no prazo de dez dias a contar da data da publicação do despacho denegatório. Se novamente indeferido, estará sujeito a um segundo recurso dirigido ao ministro da Previdência Social, igualmente no prazo de dez dias da ciência da decisão.

Em conseqüência do registro, a entidade terá o encargo de apresentar ao CNAS qualquer alteração estatutária, bem como alteração na diretoria, devendo ser encaminhada àquele órgão cópia do ato correspondente, mantendo-se atualizados todos os dados cadastrais, com endereço e telefone.

Será procedido o cancelamento do registro na hipótese de a instituição infringir qualquer dispositivo da Resolução CNAS 31, de 24 de fevereiro de 1999; se estiver inativa ou se sua gestão for irregular. Todas essas questões devem ser apuradas mediante processo administrativo no CNAS.

São vantagens do registro o acesso a recursos públicos por meio de subvenções ou de convênios com o CNAS e fundos. Igualmente ao título de utilidade pública, as vantagens do registro no CNAS podem ser alcançadas pela qualificação como Oscip, sem nenhuma restrição, uma vez que a promoção da assistência social é uma das finalidades concessivas dessa última qualificação.

Certificado de entidades de fins filantrópicos

O procedimento de obtenção do Certificado de Entidades de Fins Filantrópicos previsto no Decreto nº 2.536, de 06 de abril de 1998, alterado pelo Decreto nº 3.504, de 13 de junho de 2000, regulado ainda pela Resolução nº 177, de 10 de agosto de 2000, do CNAS é semelhante ao registro no CNAS, antes tratado.

Para obter o certificado, a entidade deverá demonstrar que nos três anos imediatamente anteriores ao pedido, de forma cumulativa:

a. esteve legalmente constituída no País e em efetivo funcionamento;
b. esteve previamente inscrita no Conselho Municipal de Assistência Social do município de sua sede, se houver, ou no conselho correspondente no âmbito estadual;
c. esteve previamente registrada no CNAS (vide item anterior).

São documentos necessários ao encaminhamento do pedido de expedição do Certificado de Entidade de Fins Filantrópicos:

a. requerimento-formulário fornecido pelo CNAS, em via original, devidamente preenchido, datado e assinado pelo representante legal da

entidade, que deverá rubricar todas as folhas;
b. cópia autenticada do estatuto social registrado em cartório nos termos da lei, com identificação do mesmo cartório em todas as folhas e transcrição dos dados do registro no próprio documento ou em certidão;
c. cópia autenticada do cartão de inscrição no CNPJ;
d. cópia autenticada da ata de eleição da diretoria atual. Averbada no cartório competente;
e. declaração de que a entidade está em pleno e regular funcionamento, cumprindo suas finalidades estatutárias, na qual constem relação nominal, qualificação completa e endereço dos membros da diretoria atual, conforme modelo fornecido pelo CNAS, assinada pelo dirigente da entidade, em via original;
f. comprovante de inscrição no Conselho Municipal de Assistência Social do município de sua sede, se houver, ou no conselho correspondente no âmbito estadual;
g. relatório das atividades desenvolvidas pela entidade nos três anos anteriores ao da solicitação, assinados pelo representante legal e por técnico legal da entidade, conforme modelo fornecido pelo CNAS;
h. balanços patrimoniais dos três exercícios anteriores, assinados pelo representante legal da entidade e por contador legalmente inscrito;
i. demonstração de resultado dos três exercícios anteriores, assinado pelo representante legal da entidade e por contador legalmente inscrito;
j. demonstração de mutação do patrimônio nos três exercícios anteriores, assinado pelo representante legal da entidade e por contador legalmente inscrito;
k. demonstração de origem e de aplicação de recursos dos três exercícios anteriores, assinado pelo representante legal da entidade e por contador legalmente inscrito;
l. notas explicativas que evidenciem o resumo das principais práticas contábeis e os critérios de apuração do total de receitas, das despesas, da gratuidade, do tipo de clientela beneficiada com o atendimento gratuito, das doações e das aplicações de recursos, bem como da mensuração de gastos e despesas relacionadas com a atividade assistencial;

m. cópia da declaração de utilidade pública federal e respectiva certidão atualizada, fornecida pelo Ministério da Justiça.

As demonstrações financeiras referidas deverão ser verificadas pelo auditor independente registrado na Comissão de Valores Mobiliários (CVM), se a receita bruta em cada um dos exercícios tiver sido superior a 2,4 milhões de reais, ou por auditoria habilitada no Conselho Regional de Contabilidade (CRC), se inferior àquele limite e superior a R$ 1,2 milhão. Para receitas inferiores, não é necessário auditoria.

O certificado, aprovado e publicado na Imprensa Oficial, terá validade de três anos, podendo ser renovado por iguais e sucessivos períodos. Indeferido o certificado, cabe recurso obedecendo-se o mesmo procedimento do Registro no CNAS.

O principal incentivo oferecido às entidades certificadas é a isenção do recolhimento da cota patronal da contribuição previdenciária incidente sobre folha de pagamento da entidade. Tal concessão não é automática, uma vez que depende de procedimento específico junto ao INSS.

3.2 Organizações sociais

Na mesma linha de raciocínio das Oscip, ou seja, uma forma de parceria entre o Estado e o terceiro setor, existe outra forma jurídica de apoio ao Poder Público, para vencer os problemas de flexibilização gerencial, ou seja, a Organização Social (OS), criada pela Lei nº 9.637, de 15 de maio de 1998, na qual os requisitos para a sua qualificação encontram-se definidos no seu artigo 2º. É oportuna a definição de Szklarowsky, ao afirmar que as OS:

> *são entidades privadas – pessoas jurídicas de direito privado – sem fins lucrativos, destinadas ao exercício de atividades dirigidas ao ensino, à pesquisa científica, ao desenvolvimento tecnológico, à proteção e preservação do meio ambiente, à cultura e à saúde. Integram, segundo a doutrina, um terceiro gênero, uma novidade alvissareira, submetidas a princípios privados e publicistas, mas não fazem parte da administração*

pública indireta. Este entendimento recebeu o aval de Paulo Modesto, que propõe ser uma atividade privada prestadora de serviço privado de interesse público. No entanto, a lei forneceu ao Poder Executivo exagerados poderes. *Esses organismos são declarados, de interesse social e utilidade pública, podendo-lhes ser destinados recursos orçamentários e bens públicos necessários aos contratos de gestão, que deverão prever o cronograma de desembolso e as liberações financeiras.*[4]

Esse é um modelo de instituição finalisticamente pública, porém não integrante do corpo estatal, destinada a se dedicar a atividades não exclusivas do Estado, mediante qualificação específica. A OS é outro modelo de parceria entre o Estado e a sociedade civil. O Estado continua a incentivar atividades públicas e exerce sua fiscalização para o alcance dos resultados necessários com escopo nos objetivos das políticas públicas. O instrumento jurídico de controle é o contrato de gestão, previsto nos artigos de 5º a 7º da Lei das Organizações Sociais. Contudo, tal organização não poderá se qualificar como Oscip, conforme vedação expressa da Lei nº 9.790, artigo 2º, inciso IX.

Esse contrato de gestão exige uma contrapartida para o recebimento dos recursos financeiros e para a administração de bens e de equipamentos do Estado. São acordadas metas de desempenho que assegurem a qualidade e a efetividade dos serviços prestados ao público. Pela natureza que se traduz da lei, pode ser confundida a sua atuação com uma privatização de entidades da administração. Segundo entendimento minoritário, as OS não são negócio privado, mas instituições públicas que atuam fora da administração para o melhor desempenho das atividades, aprimorando seus serviços e utilizando com mais responsabilidade e economicidade os recursos públicos.

As vantagens das OS são a seguir enumeradas:

a. não estão sujeitas às normas que regulam a gestão de recursos humanos, orçamentos e finanças, compras e contratos na administração pública;

b. há um ganho de agilidade e de qualidade na seleção, na contratação, na manutenção e no desligamento de funcionários, que, sob regime celetista, estarão sujeitos a plano de cargos e salários a regulamentos próprios de cada OS;
c. há um expressivo ganho de agilidade e qualidade nas aquisições de bens e serviços, pois seu regulamento de compras e contratos não se sujeita à Lei nº 8.666/1993;
d. as vantagens de gestão orçamentária e financeira, em que os recursos consignados no Orçamento Geral da União para a execução do contrato de gestão constituem receita própria da OS, cuja alocação e execução não se sujeitam aos ditames da execução orçamentária, financeira e contábil governamentais operados no âmbito do Sidor, Siafi e sua legislação pertinente, sujeitam-se a regulamento e procedimento próprios;
e. estabelecimento de mecanismos de controle finalísticos, em vez de meramente processualísticos, como no caso da administração pública; e,
f. avaliação da gestão de uma OS acontecerá mediante avaliação do cumprimento das metas estabelecidas no contrato de gestão, ao passo que nas entidades estatais o que predomina é o controle dos meios, sujeitos a auditorias e a inspeções dos órgãos de controle e fiscalização[e].

Feita a exposição sobre as OS, é preciso dar um alerta: a maioria da doutrina administrativista defende a inconstitucionalidade da Lei nº 9.637/1998, contudo, para defender uma ou outra tese é preciso um estudo cuidadoso. O que deve ser esclarecido, outrossim, é o confronto da razão de existir das OS com a das Oscip anteriormente tratada. Nota-se que as finalidades previstas no artigo 1º da Lei das OS são equivalentes às previstas no artigo 3º da Lei nº 9.790/1999, sendo esse artigo muito mais abrangente. Com uma ressalva importante: o regime aplicável às Oscip é muito mais transparente e seguro, pois existe um sistema prévio para a escolha da organização executora e há um melhor respaldo

----
e. Relatório de Avaliação das Unidades de Pesquisa do MCT, 2002, p. 205-206.

institucional, uma vez que a qualificação destas é um ato vinculado às exigências legais e, em vez de gestores de recursos públicos, as Oscip são gestoras de projetos, deixando ao Poder Público a tarefa de administração dos cofres públicos.

3.3 Serviços sociais autônomos

Servindo de inspiração para as organizações sociais, os serviços sociais autônomos, segundo a doutrina, são definidos como entes paraestatais, de cooperação com o poder público, criados por lei, com personalidade de direito privado, sem fins lucrativos, podendo ser mantidos por dotação orçamentária ou por contribuições parafiscais. Sua administração e seu patrimônio são próprios e a forma de instituição, em regra, reveste-se de modalidades privadas, tais como fundações, sociedades civis ou associações, podendo assumir formas peculiares, tendo em vista o desempenho de suas incumbências estatutárias. Exemplos de serviços sociais autônomos podem ser verificados pelo "Sistema S", composto pelo Senai, pelo Sesc e pelo Sesi. Tais organizações possuem estruturas peculiares e "genuinamente brasileiras"[5].

Essas entidades, mesmo possuindo criação oficial estatal, "não integram a administração pública", e sim trabalham paralelamente ao Estado "sob seu amparo, cooperando nos setores, atividades e serviços que lhes são atribuídos, por serem considerados de interesse específico de determinados beneficiários"[6]. Por isso recebem do Poder Público oficialização e autorização legal para arrecadarem contribuições parafiscais, podendo, ainda, ser subsidiadas por recursos públicos orçamentários.

As vantagens destacáveis dos serviços sociais autônomos são enumeradas da seguinte forma:

Quanto aos recursos humanos

a. O regime adotado é o da Consolidação das Leis Trabalhistas (CLT), e não o estatutário;
b. definição própria de quadro de pessoal, sem a necessidade de previsão legislativa estrita (quantitativo e cargos);

c. definição própria de critérios, regras e processos de admissão e de demissão de pessoal;
d. definição própria de níveis de remuneração, benefícios e vantagens;
e. definição própria de critérios para progressão e capacitação.
f. sistema informatizado próprio de recursos humanos (RH) (inclusive folha de pagamento).

Quanto a compras e contratação

a. Livre definição de procedimentos, limites, modalidades e prazos de aquisição;
b. definição de critérios próprios de apresentação e de julgamento de propostas;
c. definição própria de regras de gestão e de negociação de contratos;
d. sistema informatizado próprio de gestão de compras, materiais e contratos.

Quanto ao orçamento e finanças

a. Orçamento global, sem restrição de programas, de grupos e de elementos de despesas;
b. disponibilização de recursos repassados segundo cronograma predefinido;
c. plano de contas próprio;
d. contabilidade gerencial baseada em controle de custos;
e. privilégios tributários (entidade filantrópica e de utilidade pública);
f. sistema informatizado próprio de execução financeira e contábil.

3.4 Agências reguladoras

O sistema de agências é proveniente do direito americano, identificando-se como qualquer autoridade pública, tendo, mediante autorização do Poder Legislativo, competência para editar normas jurídicas e atos administrativos.

A ingerência sobre as agências pelo Poder Executivo é apenas política no sentido de coordenação de ações públicas. Com efeito, o Legislativo as cria e lhes entrega as competências que entende serem adequadas. O motivo principal da criação das agências pelos americanos liga-se à alta especialização nos vários campos de atuação administrativa e ao entendimento de que a eficiência deve nortear o trato da coisa pública.

A Suprema Corte dos Estados Unidos, inicialmente, entendia ser inconstitucional às delegações de competência normativa e às agências, uma vez que o Congresso não havia assinalado os parâmetros em que o Executivo fundamentaria as suas decisões. Assim, obrigava as agências ao controle do Legislativo, devendo elas remeterem todos os documentos necessários ao controle. No entanto, tal sistema de controle mediante "veto legislativo" feriria o princípio da separação de poderes.

À medida que a sistemática das agências nas últimas décadas evoluiu, foi aumentando progressivamente a ingerência do Poder Executivo, culminando na edição da Lei de Procedimentos Administrativos, *Administrative Procedure Act* (APA), estabelecendo-se o seguinte conceito de agência: "Agência é qualquer autoridade do Governo dos Estados Unidos, esteja ou não sujeita ao controle de outra agência, com exclusão do Congresso e dos Tribunais"[7].

No Brasil, a inserção do regime de agências se deu com a Emenda Constitucional nº 8, de 15 de agosto de 1995, ao estabelecer a criação de um órgão regulador no setor de telecomunicações, bem como pela Emenda Constitucional nº 9, de 09 de novembro de 1995, prevendo a estruturação do órgão regulador do monopólio da União sobre o petróleo, o gás natural e outros hidrocarbonetos fluidos.

A regulação dos setores mediante normas abstratas, contudo, deve se limitar a aspectos estritamente técnicos. Sobre a competência reguladora das agências, cabe assinalar a lição de Di Pietro, conforme transcrito a seguir:

> *Repita-se, contudo, que a função reguladora só tem validade constitucional para as agências previstas na Constituição. Para as demais, ela não*

existe nos termos em que foi definida. E mesmo para as que têm fundamento constitucional, a competência reguladora tem que se limitar aos chamados "regulamentos administrativos ou de organização", [...] só podendo dizer respeito às relações entre os particulares que estão em situação de sujeição especial ao Estado. No caso da Anatel e da ANP as matérias que podem ser por ela reguladas são exclusivamente as que dizem respeito aos respectivos contratos de concessão, observados os parâmetros e princípios estabelecidos em lei.[8]

Assim, o texto das emendas assinaladas deve ser restrito, para traçar os parâmetros dos contratos de concessão, nos moldes da lei. Essa questão foi abordada na ADI 1.668-DF[f], com fundamento na Lei Geral de Telecomunicações, sendo que, em liminar concedida, só prevaleceria na medida em que fosse adotada a interpretação conforme a Constituição, no sentido de que o "objeto de fixar a exegese segundo a qual a competência da Agência Nacional de Telecomunicações para expedir normas subordina-se aos preceitos legais e regulamentares que regem a outorga, prestação e fruição dos serviços de telecomunicações no regime público e no regime privado"[9].

Justen Filho, ao comentar essa decisão, salienta:

Ainda que por maioria, foi adotada interpretação conforme à Constituição para dispositivos que reconheciam competência normativa à Anatel, impondo-se reconhecer que tal poder apresentava natureza regulamentar e deveria observar os limites legais. Esse precedente apresenta relevância marcante, eis que a lei da Anatel é mais completa e exaustiva dentre as que introduziram as agências modernas no Brasil. Fez referência explícita as competências regulatórias. O STF teve oportunidade de examinar, ainda que com a sumariedade inerente ao julgamento de liminares, o tema da competência normativa abstrata reconhecida a uma agência reguladora. A conclusão do julgamento, por apertada maioria,

---

f. Para ver os informativos na íntegra, acesse: http://www.tc.df.gov.br/MpjTcdf/informativos.php?TIPO=STF&PAGINA=/www/html/mptcdf/jurislegis/stf/info343STF.TXT.

indica a complexidade do tema. Mas se pode assinalar que a orientação consagrada foi a de que a Constituição empoe limitações à competência normativa abstrata das agências, que se pode desenvolver apenas como manifestação de cunho regulamentar não-autônoma.[10]

Nesta altura, podem ser conceituadas as agências reguladoras do direito brasileiro como autarquias em regime especial, imbuídas com poder/dever regulador, sendo que esse poder/dever deve encontrar consonância com o princípio da legalidade, no sentido de que o regulamento expedido pela agência deve estar calcado em lei estrita.

As vantagens das agências reguladoras são a seguir enumeradas:

Quanto aos recursos humanos

a. O regime adotado é o da CLT, e não o estatutário;
b. definição própria de quadro de pessoal sem a necessidade de previsão legislativa estrita (quantitativo e cargos);
c. definição própria de critérios, regras e processos de admissão e demissão de pessoal;
d. definição própria de níveis de remuneração, benefícios e vantagens;
e. definição própria de critérios para progressão e capacitação;
f. sistema informatizado próprio de RH (inclusive folha de pagamento).

Quanto a compras e contratação

a. Restrita definição de procedimentos, limites, modalidades e prazos de aquisição;
b. restrita definição de critérios próprios de apresentação e julgamento de propostas;
c. sistema informatizado próprio de gestão de compras, materiais e contratos, com restrições definidas em lei.

3.5 Agências executivas

As agências executivas surgiram por força do Decreto nº 2.487, de 02 de fevereiro de 1998, como uma qualificação direcionada a autarquias e a fundações integrantes da Administração Federal, por iniciativa do Ministério supervisor, que hajam celebrado contrato de gestão com o respectivo Ministério e possuam um plano estratégico de reestruturação. O Decreto nº 2.488 de 02 de fevereiro de 1998 delega competência ao ministério supervisor para aprovar ou adaptar estruturas regimentais e estatutos das agências.

A qualificação, conforme os artigos 51 e 52 da Lei nº 9.649, de 27 de maio de 1998, embora discricionária, é ato discricionário, condicionado ao cumprimento de dois requisitos expressos na lei, que são: a) ter a entidade apresentado plano estratégico de reestruturação e de desenvolvimento institucional em andamento; e b) ter a entidade celebrado contrato de gestão com o respectivo ministério supervisor.

Firmado o contrato de gestão, a qualificação como agência executiva será feita por decreto. Se houver descumprimento do plano estratégico de reestruturação e de desenvolvimento institucional a entidade (autarquia ou fundação pública) perderá a qualificação como agência executiva[11].

Em tempo, a qualificação aqui tratada não cria novas pessoas, elas permanecem como autarquia ou fundações públicas que, em face dessa qualificação, passam a se a submeter a regime especial[12]. Exemplo de agência executiva é o Instituto Nacional de Metrologia, Normatização e Qualidade Industrial (Inmetro), qualificado pelo Decreto s/n de 29 de julho de 1998[g].

São vantagens conferidas às agências executivas:

Quanto aos recursos humanos

a. O regime adotado é o da CLT, e não o estatutário.

―――――――――――
g. Este Decreto foi publicado sem numeração, mas seu teor pode ser conferido no seguinte site: http://www.inmetro.gov.br/legislacao/decreto290798.asp.

Quanto a compras e contratos

a. Definição, com restrições, de procedimentos próprios, limites, modalidades e prazos de aquisição;
b. aplicação do dobro do valor de dispensa de licitação expresso no artigo 24, incisos I e II da Lei nº 8.666/1993.

Para se ter uma visão global dos vários modelos de autonomia gerencial tratados, o quadro a seguir vai mostrar os principais sistemas vigentes.

Quadro 2 – Grau de autonomia gerencial em modelos institucionais

AUTONOMIA GERENCIAL	MODELOS[1]						
S = sim N = não R = com restrições	1	2	3	4	5	6	7
RECURSOS HUMANOS							
Regime celetista.	S	S	S	S	S	S	S
Definição de quadro de pessoal (quantitativo e cargos).	N	S	N	S	S	S	S
Definição de critérios, regras e processos de admissão e demissão de pessoal.	N	S	N	S	S	S	S
Definição de níveis de remuneração, benefícios e vantagens.	N	S	N	S	S	S	S
Definição de critérios para progressão e capacitação.	N	S	N	S	S	S	S
Sistema informatizado próprio de RH (inclusive folha de pagamento).	N	S	N	S	S	S	S

(continua)

(Quadro 2 – conclusão)

Licitações e contratos							
Definição de procedimentos, limites, modalidades e prazos de aquisição.	N	N	R	R	S	S	S
Definição de critérios próprios de apresentação e julgamento de propostas	N	N	N	R	S	S	S
Definição de regras de gestão e negociação de contratos	N	N	N	N	S	S	S
Sistema informatizado próprio de gestão de compras, materiais e contratos.	N	S	N	R	S	S	S
Orçamento e finanças							
Orçamento global, sem restrição de programas, grupos e elementos de despesas.	N	N	N	N	S	R	S
Disponibilização de recursos repassados segundo cronograma predefinido.	N	S	N	N	N	N	N
Plano de contas próprio.	N	S	N	N	S	S	S
Contabilidade gerencial baseado em controle de custos	N	S	N	N	S	S	S
Privilégios tributários (entidade filantrópica e de utilidade pública)	N	N	N	N	S	S	S
Sistema informatizado próprio de execução financeira e contábil	N	N	N	N	S	S	S

Fonte: Relatório de Avaliação das Unidades de Pesquisa do MCT, 2002, p. 207.
Nota: (1) Observações: (número correspondente aos modelos dispostos no quadro).
1. Padrão da administração pública
2. Organização Militar Prestadora de Serviços (Omps)
3. Agência Executiva
4. Agência Reguladora
5. Organização Social (OS)
6. Serviço Social Autônomo
7. Organização da Sociedade Civil de Interesse Público (Oscip)

Capítulo *4*
Os **contratos** e a sua
teoria explicativa

O trato da noção de contratos, muitas vezes, é displicente quando visto fora da doutrina puramente jurídica. Até mesmo entre os juristas o tema contratual é adotado como um fim em si mesmo. Na realidade, se abordada a questão com esse enfoque, a conclusão poderá ser errônea. Para tanto, será discorrido sobre o tema dos contratos com uma metodologia condizente com a importância do tema.

4.1 O ato negocial e a autonomia privada: uma explanação sobre a teoria positivista do direito

Hans Kelsen, ao discorrer sobre a "pureza" do direito, propõe o seu estudo exclusivamente como ciência jurídica desprovida de todas as feições que não investiguem o caráter positivo de seu objeto, quer relacionados com a teoria política do direito, com a psicologia, com a sociologia ou com a ética. Ele concentra o estudo dirigido à elementar única do direito, que é a norma, desprovida de todas as valorações periféricas que possam ou poderiam influir em alteração de seu conteúdo científico[a]. Nota-se claramente que Kelsen, defendendo o direito como ciência jurídica, tira o substrato essencial de ciência da disciplina jurídica[b], pois não admite a quebra de sua "pureza" por eventuais variantes

----

a. Logo em seu primeiro parágrafo, Hans Kelsen defende: "A teoria pura do direito é uma teoria do direito positivo – do direito positivo em geral, não de uma ordem jurídica especial. É teoria geral do direito, não interpretação de particulares normas jurídicas, nacionais ou internacionais. Contudo, fornece uma teoria da interpretação". (KELSEN, 1998, n. 1, p. 1).

b. Betioli, citando Hermann Post, sintetiza com clareza a ciência jurídica ensinando: "É o Direito um conjunto sistematizado de princípios, que constituem a chamada *Ciência do Direito*. Esta definição enfoca o Direito como setor do conhecimento humano que investiga e sistematiza os fenômenos jurídicos. Hermann Post assim definiu a realidade jurídica: 'Direito é a exposição sistematizada de todos os fenômenos da vida jurídica e a determinação de suas causas'". (BETIOLI, 1995, n. 33.1, p. 84).

externas[c]. Tira de seu bojo a própria humanização do direito. Assim, defende que este é a própria norma, não necessariamente sendo a norma legal, mas normas de conduta imbuídas de sanção que lhe dê coercibilidade para a consecução de seus fins, ou seja, garantir o que é posto. A teoria pura, por assim ser, exige a existência de um escalonamento cujo ponto de partida deve ser uma norma fundamental[2], a qual dará substrato às demais normas positivadas para o regramento geral. Prevê ainda a existência de "normas individuais", que nada mais são que formas de execução das referidas normas gerais erigidas segundo a previsão da norma fundamental. Tais normas individuais podem ser: "Resoluções administrativas, sentença judicial ou também os atos negociais"[3]. O primeiro ato é erigido segundo atos de império vinculados a parâmetros normativos; o segundo ato deve ser o exercício da jurisdição e o último conseqüência da vontade das partes no entender da autonomia privada, resultantes de transações jurídicas[d], todas tendo condão de

||||||||||||||||||||||||||

c. Kelsen continua: "De um modo inteiramente acrítico, a jurisprudência tem-se confundido com a psicologia, com a ética e a teoria política. Esta confusão podem porventura explicar-se pelo fato de estas ciência se referirem a objetos que indubitavelmente têm estreita conexão com o Direito". (BETIOLI, 1995, p. 84)

d. "As condições da sanção, cuja presença o tribunal tem de averiguar, são diferentes conforme o direito criminal ou o direito civil que tenha de ser aplicado pelo tribunal. Já assinalamos que o tribunal tem de ordenar uma sanção concreta no processo de direito criminal por moção de órgão da comunidade, o promotor público, e, no processo de direito civil, pela ação de uma parte privada, o queixoso. É característico especialmente do direito civil o fato de uma transação jurídica pode surgir entre as condições da sanção. O delito consiste no fato de uma das partes deixar de cumprir uma obrigação e ela imposta pela transação jurídica. A transação jurídica é um ato pelo qual os indivíduos autorizados pela ordem jurídica regulam juridicamente certas relações. É um fato criador de direito, pois produz os deveres e direitos jurídicos das partes que participam da transação. Mas, ao mesmo tempo, é um ato de aplicação de direito, e, desse modo, tanto cria quanto aplica direito. As partes fazem uso das normas gerais que tornam as transações jurídicas possíveis. Ao firmarem uma transação jurídica, elas aplicam essas normas jurídicas gerais. Ao dar aos indivíduos a possibilidade de regular a sua conduta recíproca através de transações jurídicas, a ordem jurídica garante aos indivíduos certa autonomia jurídica. É na função criadora de direito da transação jurídica que se manifesta a chamada 'autonomia privada' das partes. Por meio de uma transação atividade criadora do direito por serem consideradas normas segundo a ciência deste.

O ato negocial deve ser considerado como norma jurídica concreta. Concreta porque não visa disciplinar atos jurídicos em geral, fora da relação entre as partes, mas dentro da prestação obrigacional que se funda. Dessa forma, o ato negocial, norma secundária concreta, deve ser implementado segundo os preceitos fixados em norma primária abstrata, a lei. Essa é a noção de autonomia privada, uma vez que a autonomia da vontade é mitigada pelos princípios de ordem pública. Tais princípios podem ser verificados em várias normas legais dos diferentes sistemas jurídicos: as relações jurídicas laborais segundo as normas legais trabalhistas, as relações de consumo segundo as normas de defesa do consumidor e assim por diante.

Contudo, existe um mínimo legal a ser obedecido por todos os sistemas sem distinções. Tais princípios norteadores gerais podem ser extraídos do Código Civil e são: o princípio da função social do contrato e o princípio da probidade e da boa-fé. Tais princípios, juntamente com o da supremacia da ordem pública, devem ser sempre obedecidos, mitigando a vontade das partes, qualquer que sejam os sistemas a que se refiram. Aqui também se incluem as relações jurídicas contratuais em que se verifica a participação da administração pública. Sob o fundamento da previsão de cláusulas exorbitantes, que oportunamente serão estudadas, em hipótese alguma deverá ser afastada a observância de tais comandos gerais.

Devido à sua máxima importância, passa-se a estudar cada um dos princípios contratuais gerais enumerados.

4.2 Os princípios gerais dos contratos: a função social e a boa-fé

Princípio é uma forma de integração das normas jurídicas, conforme

---

jurídica são criadas normas individuais e, às vezes, até mesmo gerais, que regulam a conduta recíproca das partes". (KELSEN, 2000, p. 199-201).

o artigo 4º do Decreto-Lei nº 4.657ᵉ, de 04 de setembro de 1942 (Lei de introdução ao Código Civil), no qual, no caso de sua omissão, o juiz poderá utilizar os princípios para julgar uma lide.

Os princípios jurídicos, conforme a doutrina de Luiz Antônio Rizzatto Nunes, são aqueles "que aspiram e dão embasamento à criação de toda e qualquer norma, inclusive e especialmente a Constituição, bem como os valores sociais que afetam o sistema e dirigem finalidade"[4].

Como bem salientado pelo doutrinador mencionado, os princípios jurídicos influem na elaboração da norma, podendo até fulminar a edição de uma lei quando o Supremo Tribunal reconhecer que ela esteja em descompasso com algum princípio previsto na Constituição. Essa própria lei máxima, quando da sua edição, deve respeitar os preceitos constituídos em princípios jurídicos. Isso ocorreu, por exemplo, quando a Constituição Brasileira optou pelo sistema de Estado Democrático de Direito, o que trouxe consigo uma enorme gama de princípios jurídicos que deverão ser observados, tanto na elaboração do restante do texto constitucional quanto na sua ulterior interpretação.

Em sede dos princípios constitucionais, vale dizer que todas as normas estarão limitadas, implícita ou explicitamente, aos preceitos ali contidos, uma vez que a Constituição é suprema. Sobre a supremacia constitucional, Silva ensina:

> *Nossa Constituição é rígida. Em conseqüência, é a lei fundamental e suprema do Estado brasileiro. Toda autoridade só nela encontra fundamento e só ela confere poderes e competências governamentais. Nem o governo federal, nem os governos dos Estados, nem dos Municípios ou do Distrito Federal são soberanos, porque todos são limitados, expressa ou implicitamente, pelas normas positivas daquela lei fundamental. Exercem suas atribuições nos termos nela estabelecidos.*
>
> *Por outro lado, todas as normas que integram a ordenação*

---

e. Para ver o decreto na íntegra acesse: http://www.planalto.gov.br/ccivil_03/Decreto-Lei/De/4657.htm.

jurídica nacional só serão válidas se se conformarem com as normas da Constituição Federal.⁵

Assim, existe uma verticalização de todas as normas frente à Constituição. Contudo, existem princípios que não constam expressamente de seu bojo, mas é indiscutível a sua aplicação nos mesmos moldes daqueles expressamente resguardados em seu texto. Quando do estudo dos contratos administrativos, serão vistos os princípios previstos no artigo 37 da lei constitucional. A sua observância é clara e contundente a todos os integrantes da administração pública, entretanto, existem princípios gerais que até precedem a existência daqueles, dando um parâmetro de aplicabilidade a todo o sistema público.

A técnica jurídica, no âmbito da interpretação da norma jurídica, deve ser abalizada sempre paralelamente à função integradora das normas perante o ordenamento jurídico, pois na primeira podem ocorrer lacunas. Mas, quanto ao ordenamento jurídico, "ainda que latente e inexpressa"⁶, deverá haver "uma regra para disciplinar cada possível situação ou conflito entre pessoas"⁷.

A doutrina de Cintra, Grinover e Dinamarco, quando trata da FUNÇÃO INTERPRETATIVA, em relação à função integradora, compõe um perfeito paralelo para a aplicação perante a técnica jurídica, ensina:

> No desempenho de sua função interpretativa, o intérprete freqüentemente desliza de maneira quase imperceptível para a atividade própria da integração, comunicam-se funcionalmente e se completam mutuamente para os fins de revelação do direito. Ambas têm caráter criador, no campo jurídico, pondo em contato direto as regras de direito e a vida social e assim extraindo das fontes a norma com que regem os casos submetidos a exame.⁸

Um exemplo de princípio implícito com obrigatoriedade de observação é o PRINCÍPIO DA SUPREMACIA DO INTERESSE PÚBLICO SOBRE O PRIVADO. Por intermédio desse princípio, foi construída toda a sistemática da administração pública, a qual fornece um conteúdo jurídico material para a interpretação e a fundamentação de todos os atos jurídicos administrativos, bem como aos atos jurídicos privados em face do ordenamento jurídico e pelo seu fundamento social.

Sobre esse princípio, Mello ensina:

> *O princípio da supremacia do interesse público sobre o privado é princípio geral de direito inerente a qualquer sociedade. É a própria condição de sua existência. Assim, não se radica em dispositivo algum da Constituição, ainda que inúmeros aludam ou impliquem manifestações concretas dele, como, por exemplo, os princípios da função social da propriedade, da defesa do consumidor ou do meio ambiente (art. 170, III, V e VI), ou tantos outros. Afinal, o princípio em causa é um pressuposto lógico do convívio social. Para o direito administrativo interessam apenas os aspectos de sua expressão na esfera administrativa. Para não deixar sem referência constitucional algumas aplicações concretas especificamente dispostas na Lei Maior e pertinentes ao direito administrativo, basta referir os institutos da desapropriação e da requisição (art. 5º, XXIV e XXV), nos quais é evidente a supremacia do interesse público sobre o interesse privado.*[9]

Com extrema maestria, o autor em epígrafe foi feliz em qualificar o princípio da supremacia do interesse público como "pressuposto lógico do convívio social", uma vez que a própria qualificação geral de princípio resulta desta noção. Da mesma forma que tal princípio não precisou de previsão expressa, outros tantos não precisam e possuem existência e aplicabilidade.

Essa situação é explicada pelo fato de que, antes da própria Constituição jurídico-positiva, existem normas que nortearão a sua feitura. Essa porção lógica e transcendental é a norma fundamental hipotética.

Kelsen explica essa situação como a FUNÇÃO CRIADORA DE DIREITO, conforme o transcrito a seguir:

Como assinalamos, a criação de uma norma jurídica tende a ser determinada em duas direções deferentes. A norma superior pode determinar: 1) o órgão e o processo pelo qual uma norma superior de ser criada, e 2) o conteúdo da norma inferior. A norma superior é "aplicada" na criação da norma inferior mesmo a norma superior determine apenas o órgão, isto é, o indivíduo pela a norma inferior deve ser criada, e isso, novamente, quer dizer que ela autoriza esse órgão a determinar, de acordo com a sua própria vontade, o processo de criação da norma inferior e o conteúdo dessa norma. A norma superior deve, pelo menos, determinar o órgão pelo qual a norma inferior deve ser criada. Porque uma norma cuja criação não é determinada, de modo algum, por outra norma não pode pertencer a ordem jurídica alguma. O indivíduo que cria uma norma pode ser considerado o órgão de uma comunidade jurídica, e a sua função criadora de norma não pode ser imputada à comunidade, a menos que, ao executar a função, ele aplique uma norma da ordem jurídica que constitui a comunidade. Para ser ato da ordem jurídica ou da comunidade por ela constituída, todo ato criador de direito deve ser um ato aplicador de direito, i.e., ele deve aplicar uma norma que precede o ato. Portanto, a função criadora de norma tem de ser concebida como uma função aplicadora de norma, mesmo se o seu elemento pessoal, o indivíduo que tem de criar a norma inferior, for determinado pela norma superior. Esta norma superior determinando o órgão é aplicada por todos os atos desse órgão.

 Que a criação de direito seja, ao mesmo tempo, aplicação de direito é uma conseqüência imediata do fato de que todo ato criador de direito deve ser determinado pela ordem jurídica. Essa determinação pode ser de diferentes níveis. Não pode ser tão fraca a ponto de o ato deixar de ser uma aplicação. Nem pode ser tão forte a ponto de o ato deixar de ser uma criação de direito. Na medida em que uma norma é estabelecida através do ato, ela é um ato criador de direito, mesmo se a função do órgão criador de direito for determinada em alto grau por uma norma superior. Contudo, também nesse caso existe um ato criador de direito. A questão de saber se um ato é criação ou aplicação de direito *é, na verdade, de todo independente da questão de saber em que grau o órgão atuante é obrigado pelo ordem jurídica. Apenas os atos pelos quais não se estabelece norma alguma podem ser mera aplicação. De tal natureza é a execução de uma sanção num caso concreto. Esse é um dos casos limítrofes mencionados acima. O outro é o da norma fundamental. Ela determina a criação da primeira constituição; mas, sendo pressuposta pelo pensamento jurídico, a sua pressuposição não é, ela própria, determinada por nenhuma norma superior e, portanto, não é aplicação de direito.*[10]

Dessa forma, como norma primária, a norma fundamental, além de um comando geral de competência, traz consigo uma série de outros comandos gerais, denominados *princípios*, tais como o princípio da democracia, o princípio da federação, o princípio do presidencialismo, o princípio da supremacia do interesse público, o princípio do Estado de Direito e outros tantos.

Esses comandos gerais são frutos de séculos de evolução da humanidade e do próprio direito. São noções que constituem a própria sociedade, e apartar-se delas seria como separar o ser humano de sua própria consciência coletiva, seria retornar ao período pré-tribal.

Reale salienta a questão com lucidez, conforme transcrito a seguir:

O direito se funda em princípios, uns de alcance universal nos domínios da lógica jurídica, outros que se situam no âmbito de seu "campo" de pesquisa, princípios este que são de importância, não apenas no plano da lógica normativa, mas também para a prática da advocacia. Lembremo-nos de que, na Lei de Introdução ao Código Civil, encontramos um artigo mandando aplicar os princípios gerais de Direito, quando haja lacuna na lei por falta de previsão específica do legislador. Naqueles casos em que o magistrado não encontra lei correspondente à hipótese "sub judice", não só pode recorrer à analogia, operando de caso particular para caso particular semelhante, ou ao direito revelado através dos usos e costumes, como deve procurar resposta nos princípios gerais de direito. Isto quer dizer que o legislador solenemente reconhece que o direito possui seus princípios fundamentais.

Na realidade, não precisava dizê-lo, porque é uma verdade implícita e necessária. O jurista não precisaria estar autorizado pelo legislador a invocar princípios gerais, aos quais deve recorrer sempre, até mesmo quando encontra a lei própria ou adequada ao caso. Não há ciência sem princípios, que são verdades válidas para um determinado campo do saber, ou para um sistema de enunciados lógicos. Prive-se uma ciência de seus princípios, e tê-la-emos privado de sua substância lógica, pois o direito não se funda sobre normas, mas sobre os princípios que as condicionam e as tornam significantes.[11]

Feitas essas considerações, será tratado sobre o princípio da função social dos contratos.

Princípio da função social dos contratos e a teoria tridimensional do direito

O direito, em sua "pureza", pode gerar dicotomias que atualmente devem ser cuidadosamente abalizadas. A norma, muitas vezes, não corresponde ao justo se não for entendida segundo valores exteriores à própria norma.

Na primeira metade do século XX, época em que a teoria pura do direito encontrava-se em pleno sucesso, houve um questionamento aos seus postulados. Reale, em prefácio à 1ª edição da obra *Teoria tridimensional do direito*, afirma:

> *Nenhuma teoria jurídica é válida se não apresenta pelo menos dois requisitos essenciais, entre si intimamente relacionados: o primeiro consiste em atender à exigência da sociedade atual, fornecendo-lhe categorias lógicas adequadas à concreta solução de seus problemas; o segundo refere-se à sua inserção no desenvolvimento geral das idéias, ainda que os conceitos formulados possam constituir profunda inovação em confronto com as convicções dominantes.*[12]

Desse questionamento surgiu a teoria tridimensional do direito. Tridimensional porque possui três elementos fundamentais: o fato, o valor e a norma. Segundo seu autor, o direito, para existir, urge a coexistência desses três elementos, de maneira que um complete o outro reciprocamente, sendo que, da forma e da ordem a serem tomadas, possam surgir três vetores de estudos direcionais[13].

O primeiro vetor, o direito como ciência jurídica, é verificado quando, através do fato, utilizando-se um juízo de valor (axioma), culmina-se no conhecimento da norma e da sua realização como conclusão lógica. O direito terá a segunda feição vetorial quando for tomado como fato social, o que pressupõe a norma valorada juridicamente para descobrir os fins sociais a que se destina tal norma. O terceiro e último vetor é o direito como filosofia (jusnaturalismo), o que pressupõe o fato em comunhão com a norma valorada.

Conforme as linhas de Nader sobre o JUSNATURALISMO, ou seja, direito natural, em relação à moral, são fixados alguns pontos da seguinte forma:

> *O direito natural é referência para o legislador e para consciências individuais [...] O sentimento de respeito aos ditames jusnaturalistas e morais é imanente à pessoa humana e se revela a partir dos primeiros anos de existência. Embora afins, as duas ordens não se confundem. Mais abrangente, a moral visa a realização do bem, enquanto o direito natural se coloca em função de um segmento daquele valor: o resguardo das condições fundamentais da convivência. O homem isolado mantém-se portador de deveres morais sem sujeitar-se aos emanados do direito natural, pois estes pressupõem vida coletiva.*[14]

Explica ainda a teoria tridimensional que a produção da norma jurídica, em vez de simples escalonamento, em que o seu fundamento único e restrito é a norma fundamental, inicia-se por meio de valorações sucessivas sobre o fato (complexo axiológico), produzindo proposições normativas que, filtradas e abalizadas por um poder, culminam, aí sim, no surgimento da norma jurídica.

Dessa forma, o direito como um fato social, segundo um juízo de valor, deve ser aplicado aos contratos para o estabelecimento de uma interpretação mais justa de seus preceitos. Significa dizer que a aplicação dessa cláusula geral implica na redução da autonomia da vontade, visando obter maior justiça na aplicação do direito em função de uma maior adequação dos seus preceitos a uma otimização social. Assim, a autonomia da vontade é limitada duplamente, ou seja, em razão ordem pública, conforme o princípio da autonomia privada, estudada anteriormente, bem como em razão da ordem social. Diniz assim leciona:

> A função social do contrato prevista no art. 421 do novo Código Civil constitui cláusula geral, que impõe a revisão do princípio da relatividade dos efeitos do contrato em relação a terceiros, implicando a tutela externa do crédito; reforça o princípio de conservação do contrato, assegura trocas úteis e justas e não elimina o princípio da autonomia contratual, mas atenua ou reduz o alcance desse princípio, quando presentes interesses metaindividuais ou interesses individual relativo à dignidade da pessoa humana (Enunciados nº 21, 22 e 23, aprovados na Jornada de Direito Civil, promovida, em setembro de 2002, pelo Centro de Estudos Judiciários do Conselho da Justiça Federal).[15]

Em última análise, o princípio da função social do contrato é o reconhecimento da aplicabilidade aos contratos puramente privados, de princípios de direito público, mais especificamente o princípio da supremacia do interesse coletivo sobre o interesse privado. Na cisão antes defendida da separação do direito público do privado, com o advento do novo Código Civil, houve uma considerável atenuação. Todos os ajustes, entendidos estes em sentido amplo, ou seja, como norma jurídica concreta INTRAPARTES, quer haja interesses antagônicos ou não, devem obedecer ao princípio geral da supremacia do interesse coletivo sobre o privado.

A função social aqui defendida nada mais é que a adequação de todas as relações jurídicas ao bem comum[f]. Significa não somente aplicar a norma em sua fria "pureza", mas sim também aplicá-la segundo o seu espírito. A sociedade almeja que na interpretação da lei haja um conteúdo ético mínimo e não que, em uma sincronia que não deve prosperar em um Estado Democrático de Direito, existam pactos imorais que não atendam a sua finalidade social[g].

|||||||||||||||||||||||||||||

f. "A bilateralidade atributiva distingue sempre o direito, porque a relação jurídica não toca um sujeito isoladamente, nem ao outro, mesmo quando se trata do Estado, mas sim ao nexo de polaridade e de implicação dos dois sujeitos. Existe conduta jurídica, porque existe medida de comportamento que não se reduz nem se resolve na posição de um sujeito ou na de outro, mas implica concomitantemente e complementarmente a ambos. Diríamos então que, assim como na teoria do conhecimento sujeito e objeto se exigem reciprocamente, também na teoria do direito dois ou mais sujeitos se exigem, constituindo, através dessa exigência, a experiência jurídica propriamente dita. Como já descrevemos alhures, o direito é, em última análise, o espírito como intersubjetividade objetiva."

"Se dizemos que uma conduta jurídica não se caracteriza, nem se qualifica somente pela perspectiva ou pelo ângulo deste ou daquele outro sujeito, mas pela implicação de ambos, compreende-se a possibilidade daquilo que chamamos de *exigibilidade*. Tratando-se de uma conduta que pertence a duas ou mais pessoas, quando uma falha (voluntariamente ou não), à outra é facultado exigir. Da atributividade é um elemento resultante da bilateralidade, um seu corolário imediato. *Em suma, o direito é coercível, porque é exigível, e é exigível porque bilateral atributivo.*"

"O conceito de BILATERALIDADE ATRIBUTIVA põe em realce o duplo aspecto ou os dois momentos inscindíveis do direito, o SUBJETIVO e o OBJETIVO, sendo aquele a expressão necessária do comando jurídico, o qual, no dizer preciso de Miceli, 'não pode disciplinar as atividades, acordando a cada qual uma esfera autônoma, senão impondo, ao mesmo tempo, implícita ou explicitamente, a cada um o respeito da esfera autônoma dos demais'. É lição aliás tradicional serem o Direito e o dever jurídico conceitos que se pressupõe e se completam, embora desse ensinamento fundamental não raro se olvide ao determinar-se conceitualmente o direito". (REALE, 1998, p. 691-692).

g. "É inegável que o homem não segue apenas o que deseja ou quer; ao contrário, subordina sua conduta, em muitas e muitas ocasiões, a algo que contraria suas tendências naturais ou espontâneas. O valor de um ato resulta, bastas vezes, da não-satisfação de um desejo, do superamento daquilo que seria inclinação imediata de nosso ser. Certos valores brilham como uma luz dominadora em dadas conjunturas, levando indivíduos e povos a vencer algo que, no fundo, seria a sua tendência 'natural'. O homem eleva-se ao mundo do valioso

O princípio da boa-fé

Ainda abordando o conteúdo ético do direito, o princípio da boa-fé prega uma forma moralista no trato da situação jurídica. Para a compreensão do princípio em exame, é necessária a compreensão do valor moral do direito que fundamentará a revisão de qualquer pacto. Agir de má-fé significa agir de maneira reprovável, sendo que, mesmo se a pretensão do sujeito for garantida, este sofrerá sanções. Isso se verifica, por exemplo, na responsabilidade do possuidor de má-fé.

Uma das funções conceituais do direito é garantir ao homem justo o que é seu e ao injusto a adoção de medidas para que a sua conduta seja corrigida e pautada pela justiça, mediante aplicação de sanções. É a função reeducadora do Estado para deixar o indivíduo em harmonia consigo e com o próximo. A penalização, em sua primeira análise, não visa a reparação de danos; esta é somente uma das conseqüências de sua atribuição e não a sua causa. O escopo principal do Estado-Sancionador é a pacificação social, e não a própria sanção, como bem salienta Reale, transcrito a seguir:

> *A coercibilidade não assinala simples conformidade lógica entre direito e coação, mas também uma exigência axiológica: a coação liga-se ao dever ser do direito, pois, quando a norma jurídica primária, que contém o preceito de conduta, não, não é espontaneamente cumprida, impõe-se o advento de dadas conseqüências, as quais podem consistir no cumprimento forçado da regra cuja reintegração se haja tornado impossível. É errôneo pensar que a coação tenha sempre por fim realizar o direito violado, ou, em sentido contrário, que a sua função normal consista, como pretende Soler, em dispor que se faça outra coisa quando não tenha sido feito o que se devia fazer. Ambos os resultados, em verdade, podem ser alcançados pela coação, segundo a natureza daquilo que se tutela e se*

---

graças a seu autodomínio, à sua capacidade única de superar, não só as inclinações naturais dos instintos, como estímulos rudimentares da vida afetiva. Sob esse prisma, O MUNDO DO VALIOSO É O DO SUPERAMENTO ÉTICO." (REALE, 1998, p. 200).

atribui. COMPREENDIDA COMO EXIGÊNCIA AXIOLÓGICA DO DIREITO, A COAÇÃO PULSA DE FORÇA ÉTICA, *quer ao tornar efetivos, graças a processos vários, os resultados que normalmente derivariam da conduta espontânea do obrigado (pela penhora e a hasta pública obriga-se, por exemplo, o devedor a pagar o débito), quer ao se impor ao transgressor uma pena retributiva do mal irremediavelmente praticado (a condenação do homicida não restitui, por certo, o bem da vida, mas normativamente faz valer o valor atingido). Em ambos os casos, a eticidade objetiva do Direito coloca o violador das normas jurídicas em consonância consigo mesmo, não com seu eu empírico, mas como o* EU *harmonizável com o alter e o nós, base da juridicidade.*[16]

Nesse ponto extrai-se uma das funções do direito: a manutenção da ética e da harmonia social por meio da aplicação da norma. Esse Estado-Social obriga todos os indivíduos a agirem com boa-fé. Essa boa-fé não pode estar meramente no campo das intenções, mas sim ser verificável concretamente. Significa dizer que a boa-fé deve ser identificada e provada quando da prática do ato negocial e não que exista uma presunção, mesmo que relativa, da honestidade. O homem honesto não apenas fala, mas, sim, age com honestidade e prova sua atitude. Essa é a proposta do princípio da boa-fé objetiva, em face de ensinamentos de Diniz:

A cláusula geral contida no art. 422 do novo Código Civil impõe ao juiz interpretar e, quando necessário, suprir e corrigir o contrato segundo a boa-fé objetiva, entendida como a exigência de comportamento leal dos contratantes. E, na interpretação da cláusula geral, deve-se levar em conta o sistema do Código Civil e as conexões sistemáticas com outros estatutos normativos e fatores metajurídicos (Enunciados nº 24, 25, 26 e 27, aprovados na JORNADA DE DIREITO CIVIL, *promovida em setembro de 2002, pelo Centro de Estudos Judiciários do Conselho da Justiça Federal).*[17]

Essa porção ética do direito é mais latente quando se trata do direito administrativo. Houve o reconhecimento expresso pelo legislador constituinte do apelo moral no trato da "coisa" pública[h]. Não basta perseguir a legalidade como outrora[i]. É necessário hoje perseguir a finalidade legal de interesse coletivo com honestidade, transparência e eficiência[j]. Nesse ponto, é verificada a noção cíclica do princípio da boa-fé com o princípio da função social. Ambos se somam e ao mesmo tempo mutuamente se justificam.

O direito vive hoje uma revolução conceitual. Na era positivista, a moral era totalmente distinta do direito. Hoje, ambos caminham lado a lado. Não há mais espaço para artifícios antiéticos com respaldo jurídico. Todos, particulares ou gestores da coisa pública, devem em seus atos negociais agir com ética em seus ambos efeitos: o sujeito deve ser ético consigo e com a sociedade, vale dizer, ser honestos antes, durante e depois do negócio jurídico a ser implementado.

É uma situação de grande complexidade atender ao espírito da norma. Se antes era possível sobreviver no mundo jurídico através de brechas normativas dirigidas a condutas imorais, hoje é necessário provar a moralidade do ato em qualquer de suas circunstâncias em que a boa-fé exigida deve ser objetiva.

Feitas essas considerações, será discorrido brevemente sobre os contratos administrativos. Não é o intuito deste trabalho tecer

---

h. "De acordo com ele [o princípio da moralidade], a Administração e seus agentes têm de atuar na conformidade de princípios éticos. Violá-los implica violação ao próprio Direito, configurando ilicitude que assujeita a conduta viciada a invalidação, porquanto tal princípio assumiu foros de pauta jurídica, na conformidade do art. 37 da Constituição". (MELLO, 2004, p. 109).

i. "A moral comum, remata Hauriou, é imposta ao homem para sua conduta externa; a moral administrativa é imposta ao agente público para sua conduta interna, segundo as exigência da instituição a que serve e a finalidade de sai ação: o bem comum" (MEIRELLES, 1997, p. 83).

j. "Realmente, não cabe à Administração decidir por critério leigo quando há critério técnico solucionando o assunto. O que pode haver é a opção da Administração por uma alternativa técnica quando várias lhe são apresentadas pelos técnicos como aptas para solucionar o caso em exame. Assim, o princípio da eficiência, de alto significado para o serviço público em geral, deve ser aplicado em todos os níveis da Administração brasileira". (MEIRELLES, 1997, p. 91).

comentários e abordar temas específicos sobre contratos, uma vez que o regime jurídico destes é uniforme para entidades do terceiro setor e para pessoas privadas em geral. Em vez disso, será comparado o sistema aplicável aos convênios e aos termos de parceria com o sistema dos contratos administrativos para uma melhor didática.

As características peculiares do contrato administrativo

A administração pública deve pautar suas condutas conforme os princípios constitucionais previstos no artigo, *caput* da Constituição Federal. Nesse artigo constitucional está previsto o princípio da legalidade, da impessoalidade, da moralidade, da publicidade e da eficiência. Esses princípios são válidos e necessários não somente aos contratos administrativos, mas a todo ato jurídico administrativo, nele inserido todos os ajustes em que haja financiamento com recursos públicos, mesmo que parciais, como convênios e termos de parceria.

Tendo em vista a importância da matéria e pelo fato de que o contrato administrativo pressupõe a aplicação de cada um desses princípios, vale a menção particularizada, porém sucinta, dos princípios colimados.

Princípio da legalidade

Conforme o entendimento incontestável de Meirelles, o princípio da legalidade possui o seguinte sentido:

> *A legalidade, como princípio de administração (art. 37, caput), significa que o administrador público está, em toda a sua atividade funcional, sujeito aos mandamentos da lei e às exigência do bem comum, e deles não se pode afastar ou desviar, sob pena de praticar ato inválido e expor-se a responsabilidade disciplinar, civil e criminal, conforme o caso, conforme o caso.*[18]

Perseguir o princípio da legalidade significa aplicar o fundamento do Estado de Direito, uma vez que ao administrador é conferida uma competência administrativa, e os limites desse competência estão definidos em lei. A lei também disciplinará a forma como serão executados os atos administrativos de maneira lícita, de forma vinculada ou discricionária, mas nunca sem amparo legal.

Assim, enquanto ao particular é lícito praticar tudo o que a lei não lhe proíbe, ao administrador público somente é lícito praticar o que a lei permite.

Contudo, é errôneo interpretar que o administrador está vinculado somente ao texto literal da lei. O sentido mais exato é que o princípio seja interpretado em conjunto com o princípio da impessoalidade/finalidade e com o princípio da moralidade, a seguir tratados. Tal acepção é destacada por Bugarin, valendo transcrição:

> *Cabe destacar que a moderna doutrina administrativista tem incorporado novas acepções ao conceito de legalidade, o que, sem descaracterizá-lo, permite uma interpretação mais consentânea com a complexa realidade decisional e operacional dos atos administrativos de gestão. Neste novo cenário, um conjunto de elementos principiológicos, todos com inegável densidade normativa, passam a exercer um papel de maior relevância, tanto na doutrina quanto na jurisprudência lato sensu, com destaque para a boa-fé, a segurança jurídica, a proporcionalidade e a razoabilidade. Tal aspecto se manifesta, também e notadamente, no universo da tríplice dimensão do conceito de regularidade para os fins de atuação do controle externo, a qual enseja um exame profundo e integrado de três vetores normativos interdependentes e complementares: legalidade, legitimidade e economicidade (CF, art. 70, caput).*[19]

Assim, vista uma breve noção do princípio da legalidade, para a compreensão de seu conteúdo finalístico, é necessária a sua aplicação conjunta com o princípio da impessoalidade, o que é feito a seguir.

Princípio da impessoalidade/finalidade

Ainda segundo Meirelles, entende-se como princípio da impessoalidade conforme o transcrito a seguir:

> *O princípio da impessoalidade, referido na Constituição de 1988 (art. 37, "caput"), nada mais é que o clássico princípio da finalidade, o qual impõe ao administrador público que só pratique o ato para o seu fim legal. E o fim legal é unicamente aquele que a norma de direito indica expressa ou virtualmente como objetivo do ato, de forma impessoal.*[20]

Ser impessoal é buscar a finalidade legal de interesse público. O conceito de interesse público, segundo a doutrina administrativa brasileira, é muitas vezes confuso, pois alguns autores buscam o máximo de distância do conceito de direito particular. É válida uma certa diferenciação, mas em sua essência é o interesse que beneficia a coletividade ou uma boa parte dela, mas a coletividade nada mais é que uma soma de interesses particulares almejados licitamente. Uma definição coesa e clara, sem se dissociar da lógica em que deve se pautar a disciplina jurídica, é a ventilada por Meirelles, a seguir transcrita:

> *Em última análise, os fins da administração consubstanciam-se na defesa do interesse público, assim entendidas aquelas aspirações ou vantagens licitamente almejadas por toda a comunidade administrada, ou por uma parte expressiva de seus membros. O ato ou contrato administrativo realizado sem interesse público configura desvio de finalidade.*[21]

Sobre o desvio de finalidade, é válida a transcrição da posição de Meirelles:

> *O desvio de finalidade ou de poder verifica-se quando a autoridade, embora atuando nos limites de sua competência, pratica ato por motivos ou com fins diversos dos objetivados pelo lei ou exigidos pelo interesse público. O desvio de finalidade ou de poder é, assim, a violação*

ideológica da lei, ou, por outras palavras, a violação moral da lei, colimando o administrador público fins não queridos pelo legislador, ou utilizando motivos e meios imorais para a prática de um ato administrativo aparentemente legal. Tais desvios ocorrem, p. ex., quando a autoridade pública decreta uma desapropriação alegando utilidade pública mas visando, na realidade, a satisfazer interesse pessoal próprio ou favorecer algum particular com a subseqüente transferência do bem expropriado; ou quando outorga uma permissão sem interesse público; ou, ainda, quando classifica um concorrente por favoritismo, sem tender aos fins objetivados pela licitação.

O ato praticado com desvio de finalidade – como todo ato ilícito ou imoral – ou é consumado às escondidas ou se apresenta disfarçado sob o capuz da legalidade e do interesse público. Diante disso, há que ser surpreendido e identificado por indícios e circunstâncias que revelem a distorção do fim legal, substituído habilidosamente por um fim ilegal ou imoral não desejado pelo legislador. A propósito, já decidiu o STF que: "indícios vários e concordantes são prova". Dentre os elementos indiciários do desvio de finalidade está a falta de motivo ou a discordância dos motivos com o ato praticado. Tudo isto dificulta a prova do desvio de poder ou de finalidade, mas não a torna impossível se recorrermos aos antecedentes do ato e à sua destinação presente e futura por quem o praticou.[22]

A noção de interesse público é simples, pois é um interesse da coletividade. Por exemplo, a vida é um direito de todos e o interesse na sua provisão é da coletividade é um interesse público. Se um particular quer resguardar seu direito à vida (interesse particular) e o Estado não concede esse direito, ferirá o interesse afeto à coletividade (interesse de proteção à vida); agindo assim, o Estado não garantirá uma finalidade legal de interesse público.

Dessa forma, o interesse público é um interesse difuso, uma vez que é transindividual, indivisível e a titularidade é indeterminada, mas a sua provisão é incumbência do Estado. Transindividual porque é um interesse de todos, e não de uma só pessoa. Indivisível porque não se pode quantificar de plano a parcela cabível a cada particular. Assim, em face dessas qualidades é que existe a incumbência do Ministério Público no resguardo dos interesses públicos.

Sobre a questão, merece destaque a seguinte decisão do Tribunal de Justiça do Estado de São Paulo, sob a lavra do Desembargador Carlos de Carvalho, *in verbis*:

> *Ilegitimidade de Parte – Ativa – Inocorrência*
> *Ação civil pública – Danos ao patrimônio público – Aquisição de equipamentos sem a necessária licitação – Promoção de inquérito civil e ação civil pública – Função institucional do Ministério Público – Artigo 129, III da Constituição da República – Código de Defesa do Consumidor, que ademais, afastou a limitação da parte final do artigo 1o, inciso VI da Lei nº 7.347/85, ao tutelar o patrimônio público e incluir proteção a qualquer interesse difuso e coletivo – Cassação da decisão que indeferiu a inicial – Recurso provido para esse fim o Ministério Público tem o poder-dever de agir com ou sem a colaboração das entidades e pessoas envolvidas em notícias de condutas que possam ser tipificadas como atos de improbidade administrativa.*[23]

Mas a finalidade legal de interesse público ainda não está com seu ciclo completo, falta a definição do princípio da moralidade para completar o conceito de legalidade, como se fará a seguir.

Princípio da moralidade

No que tange à moralidade administrativa, a sua compreensão deve ser unida com o conceito de ética, conforme bem demonstra a doutrina de Celso Antônio Bandeira de Mello, na lição transcrita a seguir:

> *De acordo com ele, a administração e seus agentes têm de atuar na conformidade de princípios éticos. Violá-los implica violação ao próprio Direito, configurando ilicitude que assujeita a conduta viciada a*

invalidação, porquanto tal princípio assumiu foros de pauta jurídica, na conformidade do art. 37 da Constituição.[24]

Para a compreensão dessa ética administrativa, deve estar claro na conduta do administrador o bem comum no sentido de interesse público do seu agir, como se explicita a seguir: "A moral comum, remata Hauriou, é imposta ao homem para sua conduta externa; a moral administrativa é imposta ao agente público para sua conduta interna, segundo as exigências da instituição a que serve e a finalidade de sua ação: o bem comum"[25].

Para pautar-se no princípio da moralidade, é necessário ao administrador agir com honestidade. É necessário que o administrador trate a "coisa" pública como se sua fosse, uma vez que ser desonesto consigo é motivo de ruína pessoal.

Cícero, em uma lição sobre os deveres, conceitua a honestidade como a necessária reunião de quatro elementos: busca da verdade; dar a cada um o que é seu; observar fielmente as convenções; e, pautar-se nas palavras e nas ações com moderação e comedimento. Essa lição merece transcrição:

> Ainda que esses quatro elementos da honestidade sejam confundidos e unidos, cada um deles produz certa natureza de deveres: assim, ao primeiro, que não é senão a sabedoria e a prevenção, pertence a procura e descoberta da verdade, sendo mesmo função particular dessa virtude. Aquele que descobre da verdade, sendo mesmo função particular dessa virtude. Aquele que descobre melhor e mais depressa o que há de verdadeiro em cada coisa, sabendo explicar-lhe a razão, é avaliado, com razão, criterioso e sábio. A verdade próprio [sic] dessa virtude é, de qualquer maneira, a forma pela qual é desempenhada.
>
> A finalidade das outras é a aquisição e a conservação de tudo o que é imprescindível à vida, a harmonia da sociedade humana, a grandeza d'alma que mais se destaca desprezando os bens e as honras que se satisfazem com a especulação pura, determina ação. Observando a medida e inserindo ordem em todas as coisas da vida, ficaremos fiéis à

honestidade e à dignidade.

Dos quatro princípios que abordamos, o primeiro, que trata do conhecimento da verdade, é o mais natural no homem. Com certeza, sustenta-nos abrasador desejo de saber e de conhecer; encanta-nos ser notáveis na ciência; ignorar, errar, enganar-se, iludir-se, nos parece desgraça e vergonha.

Mas, nessa tendência natural e honesta, é preciso evitar duas distorções: uma, dar por conhecidas as coisas desconhecidas, fazendo afirmativa arriscada; quem quiser evitar tal defeito – e nós todos devemos querer – dará à análise de cada coisa o tempo e cuidado necessários. Outro defeito incide em colocar muito ardor e muito estudo nas coisas obscuras, difíceis e desnecessárias. Esses dois defeitos, se evitados, só merecem elogios pela aplicação e trabalho que dedicamos às coisas honestas e, ao mesmo tempo, úteis.[26]

Assim, para o administrador público ser honesto, é necessário proceder da seguinte maneira:

1. na dúvida quanto à legitimidade de algum ato, não se deve tomar decisões levando em conta meias-verdades ou, pior, maquiar alguma falsidade para parecer legítimo um ato que na realidade não o é;
2. na aplicação do interesse público, deve ser respeitado o máximo possível os interesses privados, para que a aplicação daquele interesse resulte em um mínimo de dano ao último;
3. quando se obrigar a alguma convenção, é necessário, para a segurança jurídica dos pactos, evitar ao máximo a tomada de decisões unilaterais com o fito de descumprimento dos ajustes; e
4. no trato da coisa pública, não poderão ser tomadas decisões equivocadas em descompasso com o bom senso e, muito menos, avançar fases, de forma não comedida, quando é necessário um procedimento para a tomada de decisões. Avocar alguma medida, anular alguma decisão hierarquicamente inferior e outras tantas decisões devem ser pautadas em razões suficientes.

Neste ponto, é nítida a correlação entre a MORALIDADE ADMINISTRATIVA e o conceito de PROBIDADE ADMINISTRATIVA. Sobre a questão, Silva leciona:

> *A idéia subjacente ao princípio é a de que moralidade administrativa não é MORALIDADE COMUM, mas MORALIDADE JURÍDICA. Essa consideração não significa necessariamente que o ato legal seja honesto. Significa, como disse Hauriou, que amoralidade administrativa consiste no conjunto de "regras de conduta tiradas da disciplina interior da Administração".*
>
> *Pode-se pensar na dificuldade que será desfazer um ato, produzido conforme a lei, sob o fundamento de vício de imoralidade. Mas isso é possível porque a moralidade administrativa não é meramente subjetiva, porque não é puramente formal, porque tem conteúdo jurídico a partir de regras e princípios da Administração. A lei pode ser cumprida moralmente ou imoralmente. Quando sua execução é feita, por exemplo, com o intuito de prejudicar alguém deliberadamente, ou com o intuito de favorecer alguém, por certo que se está produzindo um ato formalmente legal, mas materialmente comprometido com a moralidade administrativa.*
>
> *A probidade administrativa é uma forma de moralidade administrativa que mereceu consideração especial da Constituição, que pune o improbo com suspensão dos direitos políticos [...].*[27]

Não adianta aplicar a finalidade legal de interesse público sem honestidade, uma vez que, se assim acontecer, não há de se falar em alcance da própria justiça, pois, hoje, é necessária a retomada da noção profética de justiça no sentido de que esta não se completa nem nas regras nem nos sistemas, mas reside também na intenção esclarecida de proceder da melhor maneira possível, inspirando-se num modelo ideal[28].

A seguir, será tratado do princípio da publicidade.

Princípio da publicidade

O princípio da publicidade não é aplicável à admissibilidade ou à lisura do ato administrativo, é, sim, um requisito formal de eficácia posterior. Nesse sentido, é elucidativa a lição de Meirelles, com maestria e objetividade nas linhas a seguir:

Publicidade é a divulgação oficial do ato para o conhecimento público e início de seus efeitos externos. Daí por que as leis, atos e contratos administrativos que produzem conseqüências jurídicas fora dos órgãos que os emitem exigem publicidade para adquirirem validade universal, isto é, perante as partes e terceiros.

A publicidade não é elemento formativo do ato; é requisito de eficácia e moralidade. Por isso mesmo, os atos irregulares não se convalidam com a publicação, nem os regulares a dispensam para sua exeqüibilidade, quando a lei ou o regulamento a exige.[29]

Dessa forma, decidido o mérito do ato, com a observância dos demais princípios sensíveis, o contrato firmado entre as partes deverá ser publicado na Imprensa Oficial para que surtam os seus devidos efeitos legais. Trata-se da assunção de transparência ao ato administrativo.

Contudo, vale a distinção entre PERFEIÇÃO, VALIDADE e EFICÁCIA do ato administrativo, com o fim de entendimento do âmbito de amplitude do princípio da publicidade. Mello explica a questão da seguinte forma:

O ato administrativo é perfeito quando esgotadas as fases necessárias à sua produção. Portanto, ato perfeito é o que completou o ciclo necessário à sua formação. Perfeição, pois, é a situação do ato cujo processo está concluído.

O ato administrativo é válido quando foi expedido em absoluta conformidade com as exigências do sistema normativo. Vale dizer, quando se encontra adequado aos requisitos estabelecidos pela ordem jurídica. Validade, por isso, é a adequação do ato às exigências normativas.

> *O ato administrativo é eficaz quando está disponível para a produção de seus efeitos próprios; ou seja, quando o desencadear de seus efeitos típicos não se encontra dependente de qualquer evento posterior, como uma condição suspensiva, termo inicial ou ato controlador a cargo de outra autoridade.*
>
> *Eficácia, então, é a situação atual de disponibilidade para produção dos efeitos típicos, próprios, do ato.*[30]

A publicidade como princípio da administração pública, entre outras hipóteses, concede eficácia ao ato administrativo, uma vez que, com a efetiva publicação, apura-se o termo inicial do ato, quando exigível.

O princípio da publicidade não é uma regra absoluta, pois os atos de segurança nacional, certas investigações policiais, algumas ações judiciais, entre outras, têm publicidade RESTRITA. Com efeito, determinados atos de interesse da segurança nacional, classificados pelo presidente da República, são sigilosos e formalizados por DECRETOS SECRETOS OU RESERVADOS. Publicam-se no Diário Oficial apenas a ementa e o número respectivo.

Princípio da eficiência

O princípio mais moderno da administração pública, inserido na Constituição pela Emenda Constitucional nº 19, é tomado como um dever a ser aplicável ao agente público no desempenho de suas funções, exigindo-se o alcance de efeitos positivos em seu agir. Assim a doutrina ensina:

> *Realmente, não cabe à administração decidir por critério leigo quando há critério técnico solucionando o assunto. O que pode haver é a opção da administração por uma alternativa técnica quando várias lhe são apresentadas pelos técnicos como aptas para solucionar o caso em exame. Assim, o princípio da eficiência, de alto significado para o serviço público em geral, deve ser aplicado em todos os níveis da administração brasileira.*[31]

Contudo, a eficiência administrativa não se resume somente à escolha da opção técnica mais adequada, mas também à realização do máximo de benefícios com um mínimo de custo. Não se trata de um princípio propriamente jurídico, mas econômico. O que obriga a administração é a otimização dos recursos. Essa conclusão se coaduna com os ensinamentos de Silva, transcritos a seguir:

> EFICIÊNCIA *não é um conceito jurídico, mas econômico; não qualifica normas; qualifica atividades. Numa idéia muito geral,* EFICIÊNCIA *significa fazer acontecer com racionalidade, o que implica medir os custos que a satisfação das necessidades públicas importam em relação ao grau de utilidade alcançado. Assim,* PRINCÍPIO DA EFICIÊNCIA, *introduzido agora no art. 37 da Constituição pela EC-19/98, orienta a atividade administrativa no sentido de conseguir os melhores resultados com os meios escassos de que se dispõe e a menor custo. Rege-se, pois, pela regra da consecução do maior benefício com o menor custo possível. Portanto, o princípio da eficiência administrativa tem como conteúdo a relação meios e resultados.*
>
> *Isso quer dizer, em suma, que a* EFICIÊNCIA ADMINISTRATIVA *se obtém pelo melhor emprego dos recursos e meios (humanos, materiais e institucionais) para melhor satisfazer às necessidades coletivas num regime de igualdade de usuários. Logo, o* PRINCÍPIO DA EFICIÊNCIA ADMINISTRATIVA *consiste na organização racional dos meios e recursos humanos, materiais e institucionais para a prestação de serviços públicos de qualidade em condições econômicas de igualdade dos consumidores. O princípio inverte as regras de competência, pois o bom desempenho das atribuições de cada órgão ou entidade pública é fator de eficiência em cada área da função governamental. A própria Constituição, pela EC – 19/98, introduziu alguns mecanismos tendentes a promover o cumprimento do princípio, como o da participação do usuário na administração pública e a possibilidade de aumentar a autonomia gerencial, orçamentária e financeira de órgãos e entidades da administração direta e indireta [...].*[32]

Mesmo antes da Emenda Constitucional, a administração, seus delegados e concessionários deviam prestar serviços ADEQUADOS e prever a responsabilidade civil do Estado por prestação de serviços DEFEITUOSOS, uma vez que a prestação de serviço público é uma RELAÇÃO DE CONSUMO. O que se inovou foi o reconhecimento como princípio da administração pública, o que anteriormente já era reconhecido ordinariamente. Dessa forma, é lúcida a lição de Bugarin a seguir transcrita:

> No momento embrionário desta reflexão sobre o princípio da eficiência, com as cautelas devidas ao longo e desafiador caminho a percorrer, penso que algumas constatações podem ser enunciadas: 1. No plano da teoria econômica e de gestão, a busca de eficiência – e num plano mais amplo, de efetividade – pelas organizações públicas se consubstancia, em última instância, num imperativo de ordem estratégica, ou seja, num determinante de sua legitimidade social. Assim, no necessário plano normativo (ético) da economia política do bem-estar, pode-se vincular a idéia de eficiência, em íntima correlação material com a de economicidade, à obtenção do melhor resultado sócio-econômico [sic] possível da alocação do conjunto escasso de recursos transferidos da sociedade para os entes estatais responsáveis pelo atendimento das múltiplas e urgentes necessidades de ordem pública ou geral. Tal posição, portanto, reconhece a importância da racionalidade econômica no complexo processo de tomada de decisão de investimentos/gastos públicos, no entanto, não lhe confere o status fundacional consagrado no conjunto de idéias e iniciativas político-administrativo conhecido, no mundo anglo-saxão, como "the new public management". 2. A eficiência, erigida em princípio jurídico-constitucional, desvela o anseio social que fundamenta a exigência de um agir administrativo consentâneo com o enorme conjunto de legítimas, profundas e estruturais demandas coletivas e/ou difusas presentes em nossa perversa realidade socioeconômica, impondo-se, como direito subjetivo público fundamental, a existência de uma gestão pública competente, honesta, racionalmente fundamentada, transparente e participativa, propiciando-se, enfim, a

concretização de uma pública administração efetivamente democrática.

3. O princípio constitucional da eficiência não pode, é fundamental que isso fique bem claro, suscitar entendimento errôneo no sentido de que, em seu nome, a legalidade seja, pura e simplesmente, sacrificada ou relegada a um plano inferior. Com efeito, estes dois princípios constitucionais da Administração devem harmonizar-se, entre si e com os demais princípios correlatos, permitindo ao gestor público atuar com eficiência, dentro da legalidade. O enfoque material de ordem estritamente gerencial-econômico, neste cenário, não pode ser um valor absoluto, em função da necessária ponderação de valores imposta pelo texto constitucional, a fim de tornar efetiva a sua força normativa, e propiciar, assim, a necessária harmonização das ordens econômica, financeira, tributária/orçamentária e social.[33]

Feitas essas considerações, serão tratados os princípios específicos aplicáveis ao contrato administrativo.

Princípios específicos aplicáveis aos contratos administrativos

Uma vez tratados os princípios gerais da administração pública, logicamente aplicáveis aos contratos, existem outros princípios específicos para os contratos administrativos, que são: necessidade de licitação prévia; inoponibilidade relativa de exceção do contrato não cumprido, equilíbrio econômico-financeiro, e, inexistência de contratos puramente privados na administração.

Princípio da licitação prévia

Em regra, todo contrato administrativo deve ser precedido de uma técnica formal para apurar a proposta mais vantajosa para a administração pública: a licitação pública prevista nos artigos 30 a 53 da Lei nº 8.666/1993. Este trabalho não busca um aprofundamento no tema, mas esclarecer que a licitação, em regra, é um pressuposto do contrato administrativo. Em regra porque existem hipóteses em que esse procedimento é dispensado, como nas hipóteses do artigo 24 da lei em comento, bem como inexigível, conforme o artigo 25 da mesma lei.

A doutrina mais autorizada opina como princípio regedor da licitação o princípio do procedimento formal, publicidade de seus atos, igualdade entre licitantes, sigilo na apresentação das propostas, probidade, vinculação ao edital, julgamento objetivo e adjudicação compulsória. Reserva-se a comentar somente os três últimos, em face de que no decorrer do presente trabalho, tais princípios apresentam maior relevo.

Em sede principiológica, a licitação deve ser regida pelos princípios específicos mostrados a seguir:

a. VINCULAÇÃO AO INSTRUMENTO CONVOCATÓRIO
A licitação tem seu início com a publicação do edital de convocação dos interessados. Independentemente do seu valor ou de sua modalidade, os atos seguintes devem ter consonância com o edital referido, sob pena de nulidade dos atos que se seguirem.

b. PRINCÍPIO DO JULGAMENTO OBJETIVO
A licitação é um procedimento que visa apurar a melhor proposta para a administração. A proposta deve ser efetivamente a melhor, segundo os critérios exigidos em edital, e não aquela que o administrador entenda sê-lo segundo sua concepção pessoal. Esses critérios previstos em edital devem ser objetivos, utilizando parâmetros técnicos e comprovando a forma como se aquilataram os preços máximos e mínimos que nortearão o certame.

c. ADJUDICAÇÃO COMPULSÓRIA
Segundo esse princípio, a administração fica impedida de atribuir o objeto a outra pessoa se não o legítimo vencedor do processo licitatório. O objeto da licitação é a obra, o serviço, a compra, a alienação, a concessão, a pemissão e a locação que a administração almeja contratar. À administração é lícito, porém, anular ou revogar a licitação, bem como adiar a contratação, quando houver justos motivos para tanto. Se acontecer abuso ou desvio de poder na anulação, na revogação ou no adiamento da contratação, ficará sujeita a administração a controle judicial e à reparação de danos, se houver prejuízos ao

vencedor do certame. Com a homologação e a adjudicação, encerra-se o procedimento licitatório, passando-se à contratação.

Deve ser levado em consideração que as instituições do terceiro setor, aquelas que se dedicarem à pesquisa, poderão ser contratadas diretamente, com dispensa de licitação, conforme o artigo 24, XIII, da Lei nº 8.666/1993[k].

Contudo, tal dispensa deve ser abalizada com cuidado pelo poder público, pois a regra será a licitação. Essa dispensa deverá corresponder aos princípios regentes dos contratos administrativos, com apuração prévia do preço do serviço, correspondendo uma vantagem ao erário público, seja no quesito preço ou no quesito serviço diferenciado pela sua eficiência, o que corresponderá, indiretamente, em vantagem aos cofres públicos.

Outro prisma a ser analisado é uma alternativa às empresas com fins lucrativos, uma vez que o eventual *superavit* proveniente do serviço, em vez de reverter somente aos sócios desta, será revertido à sociedade civil. Apesar disso, a dispensa deve ser suficientemente justificada, conforme a posição de Niebuhr a seguir transcrita:

> *A cada dia é mais freqüente a participação da sociedade civil organizada em assuntos relacionados ao bem-estar da coletividade, portanto que dizem respeito ao interesse público. E a sociedade civil costuma atuar mediante a criação de associações, instituições ou fundações, que são entidades dotadas de personalidade jurídica, sem fins lucrativos, que costumam ser denominadas de "terceiro setor". Como tais entidades desenvolvem atividades pertinentes ao interesse público, o legislador reputou dever-se, em alguns casos, estreitar as relações delas com a*

---

k. Art. 24. É dispensável a licitação: [...] XIII – na contratação de instituição brasileira incumbida regimental ou estatutariamente da pesquisa, do ensino ou do desenvolvimento institucional ou de instituição dedicada à recuperação social do preso, desde que a contratada detenha inquestionável reputação ético-profissional e não tenha fins lucrativos.

administração pública, possibilitando a contratação direta, por dispensa de licitação pública.

Nessas hipóteses, a dispensa de licitação pública é um modo concebido para que a administração fomente as atividades de tais entidades; logo, representa uma espécie de incentivo. Em vez de realizar licitação pública, tratando com igualdade todos os possíveis interessados em contratos administrativos, o legislador resolveu distinguir ditas entidades, oferecendo-lhes tratamento privilegiado, permitindo que a administração não proceda ao certame, contratando-as diretamente, por meio de dispensa.

Convém ressaltar que, nesses casos, a realização de licitação não imporia qualquer espécie de gravame ou prejuízo direto ao interesse público. A utilidade pretendida pela administração mediante o contrato poderia ser contemplada tanto com esse tipo de contratação direta, quanto com recurso à licitação. Dessa sorte, a dispensa justifica-se na conveniência ou necessidade de fomentar certas atividades vinculadas ao interesse público, mesmo que levadas a cabo por entidades privadas. A idéia é contratar ditas entidades especialmente qualificadas, que, mesmo indiretamente, propiciam retorno ao interesse público, em vez de contratar qualquer outra entidade, cujo retorno, consubstanciado em lucro, é compartilhado apenas entre os seus sócios.[34]

Princípio da inoponibilidade relativa da exceção do contrato não cumprido

Exceção do contrato não cumprido (*exceptio non adimpleti contractus*) é uma cláusula inerente aos contratos bilaterais, cujo conceito está inserido no art. 476 do Código Civil, no qual nos contratos bilaterais "nenhum dos contratantes, antes de cumprida a sua obrigação, pode exigir o implemento da do outro".

Sobre o tema, Maria Helena Diniz diz: "a *exceptio non adimpleti contratus* é a cláusula resolutiva tácita que se prende ao contrato bilateral requerer que as duas prestações sejam cumpridas simultaneamente, de forma que nenhum dos contratantes poderá, antes de cumprir sua obrigação, exigir o implemento da do outro"[35].

Em sede dos contratos administrativos essa regra não se opera contra a administração pública. Somente por exceção poderá ser invocado pelo particular, ou seja, quando o atraso da administração superar 90 dias, salvo calamidade pública, perturbação da ordem ou guerra, conforme o artigo 78, inciso XV da Lei nº 8.666/1993.

Princípio do equilíbrio financeiro

Esse princípio tem como fundamento preservar o contrato das influências dos atos da administração pública, bem como das influências externas ao pactuado. Tem como premissa a cláusula *rebus sic standibus*, ou seja, as condições que regem os contratos devem ser aquelas que vigoravam no ato de sua assinatura, mudando-se as condições por evento futuro, muda-se as bases econômicas do pacto, para mais ou para menos conforme o caso.

Sobre o tema, Meirelles ensina:

> *O* EQUILÍBRIO FINANCEIRO, *ou* EQUILÍBRIO ECONÔMICO, *ou* EQUAÇÃO ECONÔMICA, *ou, ainda,* EQUAÇÃO FINANCEIRA, *do contrato administrativo é a relação estabelecida inicialmente pelas partes entre os encargos do contratado e a retribuição da Administração para a justa remuneração do objeto do ajuste. Essa relação* ENCARGO-REMUNERAÇÃO *deve ser mantida durante toda a execução do contrato, a fim de que o contratado não venha a sofrer indevida redução nos lucros normais do empreendimento. Assim, ao usar do seu direito de* ALTERAR UNILATERALMENTE AS CLÁUSULAS REGULAMENTARES DO CONTRATO ADMINISTRATIVO, *a Administração não pode violar o direito do* CONTRATADO DE VER MANTIDA A EQUAÇÃO FINANCEIRA ORIGINARIAMENTE ESTABELECIDA, *cabendo-lhe operar os necessários* REAJUSTES ECONÔMICOS *para o restabelecimento do equilíbrio financeiro.*[36]

Estudados os princípios, passa-se a tratar sobre as peculiaridades materiais dos contratos, ou seja, as cláusulas "exorbitantes".

Deveres contratuais extraordinários da administração pública (cláusulas "exorbitantes")

Os contratos administrativos, em uma primeira análise, são um pacto como outro qualquer, divergindo dos ajustes privados somente pela participação da administração em um dos pólos. Por motivo dessa presença, ocorrem diversos efeitos previstos em lei, que concedem ao poder público algumas incumbências para o melhor alcance do interesse público.

À primeira vista, pode parecer que existe primazia administrativa no contrato. Contudo, na realidade não se trata de privilégio, mas, sim, de uma maior responsabilidade para com a execução e com vistas ao resultado de interesse público planejado. A administração pública não é interessada diretamente no contrato, mas, sim, representa a coletividade e, como gestor da coisa pública, assume incumbências que ao particular não são exigidas.

Dessa forma, é errôneo entender que exista uma supremacia de poder conferida ao administrador no contrato firmado pelo poder público, e sim um dever de resultado em face dos princípios peculiares previstos constitucionalmente. A aparente supremacia, como já afirmado, é uma maior responsabilidade de êxito em face do interesse público. Privilégio pressupõe faculdade, e não obrigatoriedade, o que no caso não ocorre.

Se implementada qualquer das hipóteses legais, o Estado deverá agir sob pena da não-observância dos princípios sensíveis da administração pública, conforme o entendimento de Meirelles, transcrito a seguir:

> *O* PODER-DEVER *da autoridade pública é hoje reconhecido pacificamente pela jurisprudência e pela doutrina. O* PODER *tem para o agente público o significado de dever para com a comunidade e para com os indivíduos, no mesmo sentido de que quem tem o detém está sempre na obrigação de exercitá-lo. Nem sempre compreenderia que uma autoridade pública – um Governador, p. ex. – abrisse mão de seus poderes administrativos, deixando de praticar atos de seu dever funcional. O* PODER *administrador público, revestindo ao mesmo tempo o caráter de* DEVER *para com a comunidade, é insuscetível de renúncia pelo seu*

titular. Tal atitude importaria fazer liberalidades com o direito alheio, e o poder público não é, nem pode ser, instrumento de cortesias administrativas.

Se para o particular o PODER DE AGIR *é uma faculdade, para o administrador público é uma* OBRIGAÇÃO DE ATUAR, *desde que se apresente o ensejo de exercita-lo em benefício da comunidade. É que o Direito Público ajunta ao* PODER *do administrador o* DEVER *de administrar.*[38]

Dessa responsabilidade surgem algumas características peculiares do contrato administrativo que decorrem expressamente da lei, a saber, do artigo 58 da Lei nº 8.666/1993. Costuma-se denominar tais peculiaridades de *cláusulas exorbitantes*, contudo, confere-se uma maior exatidão ao regime jurídico dos contratos administrativos quando referidos como: deveres contratuais extraordinários da administração pública. Tais deveres são:

a. de modificação unilateral;
b. de rescisão unilateral;
c. de fiscalização da execução;
d. de aplicação de sanções; e,
e. de ocupação provisória.

Dever de modificação unilateral

Essa peculiaridade contratual reside na necessidade de adequação às finalidades de interesse público. Os contratos administrativos necessitam de um procedimento anterior, que é a licitação pública. Tal procedimento é formal, solene e vincula a administração pública às regras definidas em edital. De qualquer forma, os preceitos ali previstos deverão ser respeitados, sob pena de realização de novo certame, uma vez que se não houver claro direcionamento às finalidades de interesse público, haverá sua anulação sob pena de desvio de finalidade. No entanto, no decorrer da execução do contrato, poderão surgir situações que urgem remanejamento para uma otimização da sua finalidade, em situações que, sob justificativa suficiente, independentemente de se recorrer ao Poder Judiciário, a lei autoriza o poder público a realizar modificações no contrato.

Aqui se verifica uma clara exceção ao princípio da obrigatoriedade do pactuado, sob justificativa do princípio da supremacia do interesse público. Contudo, esse fundamento não exclui o respeito aos direitos do contratado, podendo haver revisão da equação econômico-financeira, se houver oneração do contrato ou indenização por eventuais perdas.

Dever de rescisão unilateral

Esse dever está vinculado às hipóteses dos incisos I, XII e XVII, do artigo 78 da Lei nº 8.666/1993, quais sejam:

- quando não houver cumprimento, por parte do contratado, de cláusulas contratuais, especificações, projetos ou prazos;
- quando houver razões de interesse público, de alta relevância e amplo conhecimento, justificadas e determinadas pela máxima autoridade da esfera administrativa a que está subordinado o contratante e exarado no processo administrativo a que se refere o contrato; e,
- na ocorrência de caso fortuito ou de força maior, regularmente comprovada, impeditiva da execução do contrato. Assim, fora dessas hipóteses, a rescisão contratual somente se dará amigavelmente ou por decisão judicial.

Outra cautela é a exigência de que o ato de rescisão unilateral seja escrito, devendo nele conter justificativa suficiente, indicando a hipótese legal que se enquadra no fundamento, sob pena de ilegalidade com restabelecimento do contrato ou conversão em perdas e danos.

Dever de fiscalização

Esse dever é inerente à função pública. Todos os atos devem ser fiscalizados pela administração, porque essa é sua incumbência precípua de controle do contrato, pois a sua eficiência deve ser atestada pelo órgão público responsável, obrigação esta dirigida ao administrador.

Dever de aplicação de sanções

Essa incumbência da administração pública decorre do poder-dever de polícia, uma vez que, para aplicar sanções, não é necessário ao Poder Público recorrer ao Judiciário. A exigência verificada é a motivação determinante do ato, devendo guardar relação de causa-efeito com a inexecução total ou parcial do contrato. Inclui-se na hipótese de inexecução parcial o caso de execução deficiente ou em desacordo com o proposto ou previsto no contrato, bem como no projeto básico ou proposta técnica-financeira.

Dever de ocupação provisória

A ocupação provisória de bens móveis, imóveis, pessoais e serviços vinculados ao objeto do contrato tem cabimento, sendo que tal providência encontra amparo no princípio da continuidade dos serviços públicos:

- nos serviços essenciais;
- na hipótese da necessidade de acautelar apuração administrativa de faltas contratuais pelo contratado; e,
- nos casos de rescisão contratual.

O estudo dos contratos administrativos é muito vasto e peculiar. Como o presente trabalho é direcionado ao terceiro setor, um estudo mais aprofundado sobre essa questão fugiria ao espírito do estudo em questão. É oportuno, outrossim, reservar o enfoque aos instrumentos específicos, ou seja, a convênios, termos de parceria e "contratos de gestão", propostos a seguir.

Capítulo 5
Os termos de parceria:
a grande inovação

Vistas as modalidades de atuação do terceiro setor, passa-se a estudar os principais instrumentos de cooperação com o Poder Público. O mais recente instrumento de integração entre o terceiro setor e o Estado (primeiro setor) foi instituído pela Lei nº 9.790/1999, definido pelo seu artigo 9º, com a seguinte redação:

> *Fica instituído o termo de parceria, assim considerado o instrumento passível de ser firmado entre o poder público e as entidades qualificadas como Organizações da Sociedade Civil de Interesse Público destinado à formação de vínculo de cooperação entre as partes, para o fomento e a execução das atividades de interesse público, previstas no art. 3º desta lei.*

Esse vínculo de cooperação permite que as Oscip trabalhem lado a lado com o poder público, em atividades de interesse público. Conforme a doutrina, tal instrumento foi criado para agilizar e garantir financiamentos públicos às entidades que desenvolvem projetos em cooperação com o poder público, sem "obstáculos burocráticos e restrições operacionais dos convênios, tais como duração limitada ao exercício fiscal, relatórios excessivamente formalistas e a impossibilidade de contratação de mão-de-obra adicional"[1] para o desenvolvimento do projeto, como uma alternativa aos convênios, sanando uma impropriedade antes corriqueira, estabelecendo um vínculo de cooperação sem amparo legal, uma vez que o conceito de convênio não admite contraprestação de serviços, o que é admitido no termo de parceria ao prever a prestação de serviços intermediários, conforme o artigo 3º, parágrafo único, da Lei nº 9.790/1999. A Advocacia da União, na lavra do Coordenador-Geral da Gestão Técnica e Administrativa, Dr. Soares, em parecer proferiu o seguinte estudo:

> *O termo de parceria é uma das principais inovações da Lei das Oscips.*

Trata-se de um novo instrumento jurídico criado pela Lei 9.790/99 (art. 9º) para a realização de parcerias unicamente entre o Poder Público e a Oscip para o fomento e execução de projetos.

Em outras palavras, o termo de parceria consolida um acordo de cooperação entre as partes e constitui uma alternativa ao convênio para a realização de projetos entre Oscips e órgãos das três esferas de governo, dispondo de procedimentos mais simples do que aqueles utilizados para a celebração de um convênio.

Desta feita, sugerimos à Secretaria de Política Nacional de Transportes – SPNT que adote o termo de parceria, devido à simplicidade inerente ao mesmo.[2]

Outra impropriedade conceitual que foi remediada pela previsão da cooperação mediante VÍNCULO DE PARCERIA, o que nos convênios não existe, uma vez que o sistema aplicável a estes é o da MÚTUA cooperação, que o torna precário. Na realidade, os termos de parceria são um misto entre contratos e convênios, pois existe um vínculo (parceria), uma prestação (o projeto objeto do termo) e as partes (Oscip e parceiro público em bilateralidade, com obrigações previstas em lei, ou seja, o fomento[a] por parte do parceiro público e a execução por parte da Oscip), contudo, em regime de cooperação, que o torna atrelado conceitualmente, cabível aos convênios administrativos. Tais nuances serão tratadas na comparação dos diferentes instrumentos jurídicos aqui estudados.

Como peculiaridades podem ser enumerados os seguintes fatores:

a. consulta ao Conselho de Política Pública das respectivas áreas de atuação da entidade;
b. possibilidade de o termo de parceria ser firmado por período superior ao exercício fiscal;
c. estipulação das metas e dos resultados a serem atingidos, com

---
a. Fomentar, conforme o *Dicionário Aurélio*, significa "promover o desenvolvimento, o progresso de estimular; facilitar". E, conforme o artigo 3º, II da Constituição Federal, é objetivo fundamental da República Federativa do Brasil "garantir o desenvolvimento nacional".

respectivos prazos de cronogramas;
d. fixação de critérios objetivos de avaliação de desempenho mediante indicadores de resultado;
e. elaboração de cronograma físico-financeiro de aplicação de recursos, com auditoria independente, para recursos superiores a R$ 600.000,00;
f. necessidade de apresentação de relatório com prestação de contas ao final de cada exercício;
g. obrigatoriedade de publicação na Imprensa Oficial de um extrato simplificado do termo de parceria.

Assim o Dr. Leite, consultor da Assembléia Legislativa de Minas Gerais, sintetiza o estudo dos termos de parceria da seguinte maneira:

Os arts. de 9º a 15 da Lei nº 9.790/1999 são dedicados ao termo de parceria. O art. 9º o define como "instrumento passível de ser firmado entre o Poder Público e as entidades qualificadas como Organização da Sociedade Civil de Interesse Público destinado à formação de vínculo de cooperação entre as partes, para o fomento e a execução das atividades de interesse público previstas no art. 3º desta Lei".

Uma tentativa de definir a natureza jurídica do termo de parceria deverá levar em conta os seguintes elementos:

a. os signatários: o Poder Público e as Oscips;

b. o vínculo: vínculo de cooperação;

c. a finalidade: o fomento – por parte do Poder Público – e a execução – por parte da Oscip – de atividades de interesse público. Segundo o Conselheiro e Membro do Comitê Executivo da Comunidade Solidária Augusto Franco, no prefácio que elaborou para o livro Oscip – Organização da Sociedade Civil de Interesse Público: A Lei 9.790/1999 como Alternativa para o terceiro setor, o termo de parceria é um novo instituto jurídico "pelo qual o Estado pode se associar a organizações da Sociedade Civil que tenham finalidade pública, para a consecução de ações de interesse público, sem as inadequações dos contratos regidos pela Lei 8.666/93 (que supõem a concorrência e, portanto, pressupõem uma racionalidade competitiva na busca de fins privados, válida para o Mercado mas não para aquelas organizações da Sociedade Civil que buscam fins públicos) e as inconveniências dos convênios, regidos pela Instrução Normativa nº 1, de 1997, da Secretaria do Tesouro Nacional (um instrumento deslizado do seu sentido original, que era o de celebrar relações entre instâncias estatais – mas que se transformou num pesadelo kafkiano quando aplicado para regular relações entre instâncias estatais e não estatais)".

No termo de parceria, não se verifica a existência de interesses opostos e contraditórios como ocorre no contrato, mas de um vínculo especial de cooperação. Esse fato o aproxima do convênio. Maria Sylvia Zanella di Pietro define convênio como "forma de ajuste entre o Poder Público e entidades públicas ou privadas para a realização de objetivos de interesse comum, mediante mútua colaboração". O convênio rege-se, no que couber, pela Lei nº 8.666/93. A intenção do legislador, ao criar o termo de parceria na Lei das Oscips foi dar "agilidade operacional para a formalização de parcerias" (exposição de motivos do anteprojeto). Por isso, "do ponto de vista da agilidade operacional para formalização de parceria, a interlocução política do conselho da comunidade solidária identificou que os contratos e convênios não são considerados adequados às especificações das organizações privadas com fins públicos e não apresentam critérios objetivos de identificação, seleção, competição e contratação da melhor proposta." (exposição de motivos do anteprojeto).

Percebe-se, portanto, que o termo de parceria foi pensado como um novo instituto jurídico. Embora se assemelhe ao convênio, almejou-se subtraí-lo das exigências da Lei nº 8.666/93. Há, portanto, entre os formuladores do novo marco para o terceiro setor, a convicção de que a Lei das Licitações não oferece critérios objetivos para a competição e a seleção da melhor proposta.

Os arts. de 11 a 15 estabelecem os mecanismos de fiscalização e controle da execução do termo de parceria. Neles, merecem atenção especial os seguintes pontos:

a. *ênfase dada à avaliação dos resultados (§1º do art. 11);*
b. *regulamento próprio com os procedimentos que a organização parceira adotará para contratação de obras e serviços, bem como para compras com emprego de recursos provenientes do Poder Público (art. 14). Tais procedimentos não serão, portanto, obrigatoriamente, aqueles previstos na Lei das Licitações.*[3]

Fazendo um breve estudo da Lei nº 9.790/1999, o artigo 10º, parágrafo 1º, dispõe que a sua celebração será precedida de consulta aos Conselhos de Políticas Públicas das áreas correspondentes de atuação objeto do termo de parceria a ser firmado, nos respectivos níveis de governo, quer federal, estadual ou municipal.

O parágrafo 2º do artigo 10º em exame dispõe sobre as cláusulas essenciais do termo de parceria, ou seja:

a. previsão do objeto deverá conter a especificação do plano de trabalho proposto pela Oscip, ou seja, este é parte integrante do termo de parceria;
b. estipulação das metas e dos resultados a serem atingidos e os respectivos prazos de execução ou cronograma;
c. previsão expressa dos critérios objetivos de avaliação de desempenho a serem utilizados, mediante indicadores de resultado;
d. previsão de receitas e de despesas a serem realizadas em seu cumprimento, estipulando item por item as categorias contábeis usadas pela organização e o detalhamento das remunerações e benefícios de pessoal a serem pagos, com recursos oriundos ou vinculados ao termo de parceria, a seus diretores, empregados e consultores;
e. estabelecimento das obrigações da sociedade civil de interesse público, entre as quais apresentar ao poder público, ao término de cada exercício, relatório sobre a execução do objeto do termo de parceria, contendo comparativo específico das metas propostas com os resultados alcançados, acompanhado de prestação de contas dos gastos e receitas efetivamente realizados, independente das previsões de receitas e despesas a serem realizadas em seu cumprimento;

f. publicação, na Imprensa Oficial do município, do estado ou da União, conforme o alcance das atividades celebradas entre o órgão parceiro e a Oscip de extrato do termo de parceria e de demonstrativo da sua execução física e financeira, conforme modelo simplificado estabelecido no Decreto nº 3.100/1999, contendo os dados principais da documentação obrigatória, conforme o item "e" anterior, sob pena de não liberação dos recursos previstos no termo de parceria.

A fiscalização da execução, conforme o artigo 11, será acompanhada pelo órgão do poder público da área correspondente, além do Conselho de Políticas Públicas. Os resultados atingidos na execução do termo de parceria devem ser analisados por uma comissão de avaliação, composta de comum acordo entre representantes do órgão parceiro e da Oscip. Essa comissão encaminhará à autoridade competente um relatório conclusivo sobre a avaliação procedida.

Os termos de parceria serão controlados também pelos mecanismos de controle social previstos na legislação. Instituição de relevante importância na fiscalização do termo de parceria é o Ministério Público, pois faz parte de suas funções institucionais "zelar pelo efetivo respeito dos poderes públicos e dos serviços de relevância pública aos direitos assegurados nesta Constituição, promovendo as medidas necessárias a sua garantia". (artigo 129, II da CF/88).

Nessa sede, o artigo 12 da Lei nº 9.790/1999 diz que os responsáveis pela fiscalização do termo de parceria deverão comunicar ao Tribunal de Contas e ao Ministério Público respectivos conhecimentos de irregularidades ou ilegalidade no uso de recursos públicos, sob pena de responsabilidade solidária. Sem prejuízo dessas medidas, os fiscais dos termos de parceria, havendo fundados indícios de malversação[b] de recursos públicos representarão o Ministério Público[c] e a Advocacia-

---

b. Má gestão de recursos públicos, em que haja dilapidação (esbanjamento) do patrimônio público.

c. Aqui há uma generalização da atuação do Ministério Público, alargando a sua atuação, não se restringindo somente ao Ministério Público junto ao Tribunal de Contas.

Geral da União (ou procuradorias dos estados ou dos municípios, caso o parceiro público seja ente estadual ou municipal, respectivamente), para que requeiram medida judicial de indisponibilidade de bens da entidade e o seqüestro dos bens de seus dirigentes, bem como de agente público ou terceiro, que possam ter enriquecido ilicitamente ou causado dano ao patrimônio público, além de outras medidas legais (artigo 13 da Lei nº 9.790/1999).

Existe outra inovação: a obrigatoriedade de publicação pela Oscip de adotar um regulamento próprio para contratações com recursos públicos em termos de parceria. Esse tema já foi analisado no estudo da qualificação das Oscip.

Em última análise, o termo de parceria é uma inovação porque é um instrumento moderno, fundado em princípios de transparência e eficiência, justiça no acesso aos recursos, cooperação e parceria na execução dos projetos. Sem dúvida é uma excelente forma de aliança entre o Estado e a sociedade civil para o alcance de uma posição de destaque no atual mundo globalizado.

Sobre o tema, Ferrarezi, em trabalho desenvolvido, que é considerado o marco interpretativo da Lei nº 9.790/1999, traz a seguinte posição:

> *Do ponto de vista da agilidade operacional para formalização de parcerias, tanto o convênio quanto o contrato não foram considerados adequados pelos interlocutores para atender às especificidades das organizações privadas com fins públicos. Buscou-se, então, um novo instrumento, que traduzisse a relação de parceria entre instituições com fins públicos (Estado e Oscip), mas com diferentes formas de propriedade (pública estatal e pública social) e com natureza jurídica diferente (direito público e direito privado).*
>
> *Assim, a Lei 9.790/99 criou o termo de parceria – novo instrumento jurídico de fomento e gestão das relações de parceria entre as Oscips e o Estado, com o objetivo de imprimir maior agilidade gerencial aos projetos e realizar o controle pelos resultados, com garantias de que os recursos estatais sejam utilizados de acordo com os fins públicos. O termo*

de parceria possibilita a escolha do parceiro mais adequado do ponto de vista técnico e mais desejável dos pontos de vista social e econômico, além de favorecer a publicidade e a transparência.[4]

Um documento primordial para fixar os parâmetros técnicos do termo de parceria é o plano de trabalho, que fará parte integrante do termo independente de transcrição. Tal instrumento será estudado de maneira prática oportunamente.

No que for compatível com a Lei nº 9.790/1999 aplicam-se as disposições concernentes aos convênios, devido ao fato de seus regimes jurídicos serem substancialmente semelhantes pelo elemento da "cooperação". O estudo sobre tal instrumento virá a seguir.

Capítulo 6
Convênios, Lei nº 8.666/1993 e INSTN nº 01/1997

Os convênios são instrumentos jurídicos destinados à execução, em regime de mútua cooperação, de serviços de interesse recíproco entre o Poder Público e o setor privado. As três normas que disciplinam a matéria são a Lei nº 8.666/1993, o Decreto nº 93.872/1986, bem como a Instrução Normativa da Secretaria do Tesouro Nacional (INSTN) nº 1, de 15 de janeiro de 1997. A doutrina oferece dois pontos fundamentais no conceito de convênio: "Regime de mútua cooperação e o interesse recíproco"[1]. Tanto é verdade que, se uma relação jurídica sob a denominação jurídica de convênio realmente contiver interesses antagônicos, estará constituído um contrato, conforme o parágrafo 1º, artigo 48 do Decreto nº 93.872/1986. Vige nos convênios, outrossim, uma associação cooperativa fundada na mútua colaboração. Merecem destaque as linhas de Szklarowsky, a seguir transcritas:

> *O contrato distingue-se pela presença de duas ou mais partes, pretendendo uma delas o objeto – a prestação de serviço, a compra de alguma coisa, a realização de obra, a locação de um bem – e a outra, a contraprestação respectiva – a remuneração ou outra vantagem. Já no convênio entre partícipes, as pretensões são sempre as mesmas, variando apenas a cooperação entre si, de acordo com as possibilidades de cada um, para a realização de um objetivo comum, com a característica de associação cooperativa. Ou, como decidiu o TCU, convolando a proposta do Ministro Mário Pacini, nos convênios, não há que existir a contraprestação em dinheiro, senão a mútua colaboração.*[2]

A cooperação mútua pressupõe um aporte de recursos igualmente mútuos, mesmo que não paritário. A INSTN nº 01/1997 prevê em seu artigo 2º, parágrafo 2º que a contrapartida será estabelecida de modo compatível com a capacidade financeira do ente federativo beneficiado, observados os limites (percentuais) e as ressalvas estabelecidas na Lei Diretrizes Orçamentárias.

A INSTN nº 01/1997 autoriza, por sua vez, que através de convênio sejam adquiridos bens, equipamentos e materiais permanentes, mas deve conter, no bojo do convênio, qual a destinação que será dada no término da vigência. Poderão ser vendidos a preço de mercado ou doados a outro ente do poder público.

Fazendo um estudo aprofundado, podem ser retiradas da INSTN nº 01/1997 as seguintes vedações:

- despesas de qualquer modalidade, órgão ou entidade da administração federal, distrital, estadual ou municipal ou qualquer entidade ou órgão de direito público ou privado que esteja em mora, inadimplente com outros convênios ou não esteja em situação de regularidade com a União ou com entidade da administração pública federal indireta (art. 5º, I);
- destinar recursos públicos como contribuições, auxílios ou subvenções às instituições privadas com fins lucrativos (art. 5º, II);
- despesa a título de taxa de administração, de gerência ou similar (art. 8º, I);
- pagamento, a qualquer título, a servidor ou empregado público, integrante de quadro de pessoal de órgão ou entidade pública da administração direta ou indireta, por serviços de consultoria ou assistência técnica (art. 8º, II);
- aditamento com alteração de objeto (art. 8º, III);
- utilização dos recursos em finalidade diversa da estabelecida no respectivo instrumento, ainda que em caráter de emergência (art. 8º, IV);
- realização de despesa em data anterior ou posterior a sua vigência (art. 8º, V);
- atribuição de vigência ou de efeitos financeiros retroativos (art. 8º, VI);
- realização de despesas com taxas bancárias, com multas, juros ou correção monetária, inclusive, referente a pagamentos ou recolhimentos fora dos prazos (art. 8º, VII);
- transferência de recursos para clubes, associações de servidores ou

quaisquer entidades congêneres, excetuadas creches e escolas para atendimento pré-escolar (art. 8º, VIII);
- realização de despesas com publicidade, salvo as de caráter educativo, informativo ou de orientação social, das quais não constem nomes, símbolos ou imagens que caracterizem promoção pessoal de autoridades ou servidores públicos (art. 8º, IX);
- celebrar convênio com mais de uma instituição para o cumprimento do mesmo objeto, exceto quando se tratarem de ações complementares, o que deverá ficar consignado no respectivo convênio, delimitando-se as parcelas referentes de disponibilidade deste e as que devam ser executadas à conta do outro instrumento (art. 25, parágrafo único);
- práticas atentatórias aos princípios fundamentais da administração pública (art. 37, *caput* e inc. XXI da CF) nas contratações e demais atos praticados, sob pena de suspensão (art. 21, § 4º);
- não cumprimento fiel das cláusulas e condições estabelecidas no convênio (art. 22);
- utilizar recursos em desacordo com o plano de trabalho, sob pena de rescisão do convênio;
- apresentar prestação de contas parcial, quando se tratar de convênio de três ou mais parcelas, sob pena de suspensão das parcelas e rescisão do convênio (art. 36, I e 37);
- celebração do convênio sem as seguintes informações:
  - razões que justifiquem a celebração;
  - descrição completa do objeto a ser executado;
  - descrição das metas a serem atingidas, qualitativa e quantitativamente;
  - etapas ou fases de execução do objeto, com previsão de início e fim;
  - plano de aplicação dos recursos a serem desembolsados pelo concedente e a contrapartida financeira do proponente, se for o caso, para cada projeto ou evento;
  - cronograma de desembolso;
  - declaração do convenente de que não está em situação de

inadimplência junto a qualquer órgão ou entidade da administração pública; e,
- comprovação do exercício pleno da propriedade do imóvel, mediante certidão de registro no cartório de imóveis, quando o convênio tiver por objeto a execução de obras, ou benfeitorias (art. 2º);
- regularidade do convenente (art. 3º);
- convênio sem as cláusulas essenciais, verbal ou sem a assinatura de 2 testemunhas (art. 9º, § 2º e 10); e
- aditamento ao convênio com intuito de alterar, no todo ou em parte, o seu objeto ou sua finalidade definida no plano de trabalho, mesmo que não haja alteração da classificação econômica da despesa (art. 15, § 1º).

Quanto ao custeio da força de trabalho adicional por intermédio de convênios, existem interpretações que admitem a sua legalidade quando for ordinariamente utilizada pela entidade regularmente, desde que tais contratações sejam justificadas e previstas no plano de trabalho e tenham o aceite do poder público, "ainda e de toda a forma, sobre a existência de outras contrapartidas da entidade conveniada que não a força de trabalho"[3].

Quanto à possibilidade da adoção de convênios por pessoa jurídica de direito privado, caso das organizações do terceiro setor, a INSTN nº 01/1997, no seu artigo 1º, parágrafo 1º dispõe sobre as seguintes definições:

> *Convênio* – *qualquer instrumento que discipline a transferência de recursos públicos e tenha como partícipe órgão da administração pública federal direta, autárquica ou fundacional, empresa pública ou sociedade de economia mista que estejam gerindo recursos dos orçamentos da União, visando à execução de programas de trabalho, projeto/atividade ou evento de interesse recíproco, em regime de mútua cooperação.*
>
> *Concedente* – *órgão da administração pública federal direta, autárquica ou fundacional, empresa pública ou sociedade de economia mista,*

responsável pela transferência dos recursos financeiros ou pela descentralização dos créditos orçamentários destinados à execução do objeto do convênio.

Convenente – órgão da administração pública direta, autárquica ou fundacional, empresa pública ou sociedade de economia mista, de qualquer esfera de governo, ou organização particular com a qual a administração federal pactua a execução de programa, projeto/atividade ou evento mediante a celebração de convênio.

Interveniente – órgão da administração pública direta, autárquica ou fundacional, empresa pública ou sociedade de economia mista, de qualquer esfera de governo, ou organização particular que participa do convênio para manifestar consentimento ou assumir obrigações em nome próprio.

Executor – órgão da administração pública federal direta, autárquica ou fundacional, empresa pública ou sociedade de economia mista, de qualquer esfera de governo, ou organização particular, responsável direta pela execução do objeto do convênio.

Dessa forma, nota-se que as organizações privadas, nelas incluídas as integrantes do terceiro setor, poderão assumir as condições de "conveniente", "interveniente" ou "executor" do projeto objeto do convênio celebrado. Mas somente nas duas primeiras hipóteses poderão receber diretamente verbas públicas para o desenvolvimento de trabalhos. Na definição do termo *interveniente*, a norma definiu claramente que a organização particular participa do convênio somente "para manifestar consentimento ou assumir obrigações em nome próprio". Disso resulta que a organização não participará da cooperação, qualificação que destaca a natureza e o objeto do convênio. Se necessitar de custeio de eventuais gastos ou efetuar pagamento em razão dessa intervenção, haverá a necessidade de elaboração de outro instrumento, decorrente da relação resultante do convênio, conforme o artigo 48, do Decreto nº 93.872/1986. Sobre a questão, Justen Filho faz as seguintes considerações:

Os princípios basilares contidos na legislação sobre contratações administrativas deverão ser obrigatoriamente observados mesmo quando o vínculo jurídico se estabelecer entre órgãos estatais diversos, ainda quando não integrantes do Poder Executivo. Assim, os convênios deverão ser estabelecidos obrigatoriamente por escrito, com prazos de vigência e cláusulas que atendam as determinações legais, etc.[4]

Feitas essas observações, é necessário mencionar sobre a essência dos convênios, ou seja, o plano de trabalho. A Lei nº 8.666/1993, artigo 116, parágrafo 1º, prevê os requisitos mínimos para que se possa elaborar um plano de trabalho para embasar um convênio.

Tal plano deve ser elaborado pela organização interessada, que, no caso em exame, será a organização sem fins lucrativos que deseja obter recursos públicos para a elaboração de um projeto em mútua colaboração com o Estado. Assim, deverá conter, no mínimo as seguintes informações:

a. identificação do objeto[a] a ser executado;
b. metas[b] a serem atingidas;
c. etapas ou fases de execução;
d. plano de aplicação dos recursos financeiros;
e. cronograma de desembolso;
f. previsão de início e fim da execução do objeto, assim como da conclusão das etapas ou fases programadas; e,
g. se o ajuste compreender obra ou serviço de engenharia, comprovação de que os recursos próprios para complementar a execução do objeto estão devidamente assegurados, salvo se o custo total do empreendimento recair sobre entidade ou órgão descentralizador.

---

a. A INSTN nº 01/97, art. 1º, § 1º, IX, define o objeto do convênio como o "produto final do convênio, observados o programa de trabalho e as suas finalidades".
b. A INSTN nº 01/97, art. 1º, § 1º, XII, define como meta a "parcela quantificável do objeto".

Uma vez assinado o convênio e dada ciência ao órgão legislativo respectivo[c], as parcelas serão liberadas em estrita conformidade com o plano de aplicação[d]. Essa última regra apresenta as seguintes exceções, previstas no artigo 116, parágrafo 3º, segunda parte, da Lei nº 8.666/1993:

a. quando não tiver havido comprovação da boa e da regular aplicação da parcela anteriormente recebida, na forma da legislação aplicável, inclusive mediante procedimentos de fiscalização local, realizados periodicamente pela entidade ou pelo órgão descentralizador dos recursos ou pelo órgão competente do sistema de controle interno da administração pública;
b. quando verificado desvio de finalidade na aplicação dos recursos, atrasos não justificados no cumprimento das etapas ou fases programadas, práticas atentatórias aos princípios fundamentais de administração pública nas contratações e demais atos praticados na execução do convênio ou o inadimplemento do executor com relação a outras cláusulas conveniais básicas;
c. quando o executor deixar de adotar as medidas saneadoras apontadas pelo partícipe repassador dos recursos ou por integrantes do respectivo sistema de controle interno.

Se houver saldos no convênio não utilizados, estes serão obrigatoriamente aplicados em cadernetas de poupança de instituição financeira oficial, se a previsão de seu uso for igual ou superior a um mês, em fundo de aplicação financeira de curto prazo ou operação de mercado aberto lastreada em títulos da dívida pública, quando a sua utilização verificar-se em prazos menores que um mês[e]. As receitas financeiras auferidas dessas aplicações serão obrigatoriamente computadas a crédito do convênio e aplicadas, exclusivamente, no objeto de sua finalidade, devendo constar de demonstrativo específico que integrará as prestações

---

c. Artigo 116, parágrafo 2º da Lei nº 8.666/1993.
d. Artigo 116, parágrafo 3º, primeira parte, da Lei nº 8.666/1993.
e. Artigo 116, parágrafo 4º, da Lei nº 8.666/1993.

de contas do ajuste[f].

No caso de conclusão, renúncia, rescisão ou extinção do convênio, acordo ou ajuste, os saldos financeiros remanescentes, inclusive os provenientes das receitas obtidas das aplicações financeiras realizadas, serão devolvidos à concedente, no prazo improrrogável de 30 dias do evento, sob pena da imediata instauração de tomada de contas especial do responsável, providenciada pela autoridade competente do órgão ou entidade titular dos recursos[g].

Cabe lembrar que as partes poderão denunciar o convênio a qualquer momento. Uma das características do convênio administrativo é a sua precariedade, não gerando direito adquirido a nenhum dos partícipes. Tal entendimento é traduzido da jurisprudência do Supremo Tribunal Federal, cujo excerto é digno de destaque: "Pela precariedade do convênio administrativo, seus beneficiários não têm direito à sua manutenção, nem muito menos direito adquirido a ela"[5].

Uma vez estudado o concernente aos convênios, passa-se ao breve estudo dos contratos de gestão, pela relevância de sua amplitude.

---

f. Artigo 116, parágrafo 5º, da Lei nº 8.666/1993.

g. Artigo 116, parágrafo 6º, da Lei nº 8.666/1993.

Capítulo 7
Os contratos de gestão

Os contratos de gestão são uma exceção à regra de que os atos negociais dão origem a normas individuais, uma vez que tais atos originam normas gerais nos moldes de um regulamento, traçando regras abstratas, e não puramente concretas. Visam não pactos individuais, mas, sim, uma autonomia gerencial e a destinação de recursos públicos de forma abstrata.

A disciplina proposta pela Lei nº 9.637/1998, em seus artigos de 5º a 7º, determina que o contrato de gestão é um instrumento firmado entre o poder público e as organizações sociais, organizações estas já estudadas, com vistas à formação de parceria entre as partes para o fomento e à execução de atividades relativas às áreas do ensino, da pesquisa científica, do desenvolvimento tecnológico, da proteção e preservação do meio ambiente, da cultura e da saúde.

Diz, ainda, que tal contrato será elaborado de comum acordo entre o órgão público e a OS, discriminará atribuições, responsabilidades e obrigações das partes. Depois de aprovado pelo conselho de administração da organização contratada, deverá o contrato ser submetido ao ministro de Estado ou à autoridade supervisora da área competente à atividade a ser fomentada.

Na elaboração do contrato de gestão, devem ser observados princípios da legalidade, da impessoalidade, da moralidade, da publicidade, da economicidade e também no programa de trabalho proposto pela OS precisam ser estipuladas as metas a serem atingidas e os respectivos prazos de execução, bem como previsão expressa dos critérios objetivos de avaliação de desempenho a serem utilizados, mediante indicadores de qualidade e produtividade. Ainda no programa de trabalho, deverão ser estipulados os limites e critérios para despesas com remuneração e vantagens de qualquer natureza a serem percebidas pelos dirigentes e empregados das OS, no exercício de suas funções. O ministro de Estado ou a autoridade supervisora da área competente à atividade a ser fomentada deverá definir as demais cláusulas dos contratos de gestão em que for signatário.

A doutrina especializada, em sua grande maioria, entende que tal contrato de gestão não se adequa ao regime de direito administrativo em vigor no Brasil. Essa posição doutrinária é evidentemente verificada quando se estuda comparativamente esse contrato e o termo de parceria. No primeiro, não existe qualquer previsão legal da forma de escolha da contratada, não existindo também uma disciplina suficiente de controle e pactuação, deixando tais questões à discricionariedade da autoridade pública. Esses assuntos foram sanados pela Lei nº 9.790/1999, ao tratar do termo de parceria. Note também que as áreas de abrangência dos contratos de gestão estão previstas no artigo 3º da Lei das Oscip. Dessa forma, após a entrada em vigor da Lei nº 9.790/1999, os contratos de gestão foram esvaziados e trocados por um sistema muito mais seguro e transparente.

Dessa forma, aconselha-se ao administrador público a preferência pela adoção das Oscip, em vez das OS, tendo em vista os princípios previstos no artigo 7º da Lei nº 9.637/1998, destacando os princípios da impessoalidade e da moralidade.

Assim, a seguir serão tratados comparativamente os contratos administrativos, os convênios e os termos de parceria, para uma melhor compreensão dos sistemas jurídicos respectivos. Não será feita uma análise comparativa em relação ao contrato de gestão, uma vez que no sistema deste não se encontram subsídios comparativos com os demais instrumentos.

Capítulo 8
Uma **comparação** entre
contratos, convênios e
termos de **parceria**

Abordados os instrumentos jurídicos, destacando-se os contratos, os convênios e os termos de parceria, passa-se à comparação dos instrumentos.

O contrato, conforme o parágrafo 1º, artigo 48 do Decreto nº 93.872/1986, é caracterizado pela existência de interesses antagônicos. Isso significa que existem dois pólos distintos a uma prestação, cujos interesses são diversos e opostos, isto é, quando se desejar, de um lado, o objeto do acordo ou ajuste, e de outro lado a contraprestação correspondente, ou seja, o preço. Assim, a relação jurídica contratual pode ser esquematizada da seguinte forma.

Figura 1 – Esquema da relação jurídica dos contratos

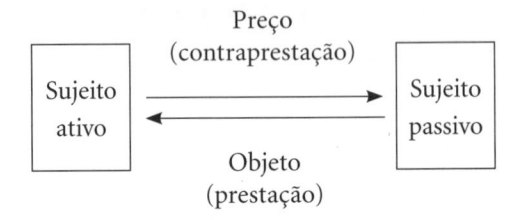

```
                        Preço
                   (contraprestação)
        ┌─────────┐ ──────────────> ┌─────────┐
        │ Sujeito │                 │ Sujeito │
        │  ativo  │ <────────────── │ passivo │
        └─────────┘                 └─────────┘
                        Objeto
                    (prestação)
```

O convênio, por sua vez, é uma forma de transferência voluntária nos termos do artigo 25 da Lei de Responsabilidade Fiscal, uma vez que é uma entrega de recursos correntes ou de capital, a título de cooperação, auxílio ou assistência financeira, que não corresponde às transferências constitucionais ou legais nem às transferências do Sistema Único de Saúde (SUS).

Nesse prisma, como TRANSFERÊNCIA VOLUNTÁRIA, deverão ocorrer as seguintes características:

- obediência às disposições da Lei de Diretrizes Orçamentárias;
- exigência de dotação específica;

- vedação de pagamento de despesas com pessoal ativo, inativo e pensionista, dos Estados, do Distrito Federal e dos municípios (leia-se servidores e/ou empregados públicos concursados);
- comprovação, por parte do beneficiário, de:
  - que se acha em dia quanto ao pagamento de tributos, empréstimos e financiamentos devidos ao ente transferidor, bem como quanto à prestação de contas de recursos anteriormente dele recebidos (leia-se sem restrições, inclusive no tribunal de contas);
  - cumprimento dos limites constitucionais relativos à educação e à saúde;
  - observância dos limites das dívidas consolidada e mobiliária, de operações de crédito, inclusive por antecipação de receita, de inscrição em restos a pagar e de despesa total com pessoal;
  - previsão orçamentária de contrapartida;
- vedação à utilização de recursos transferidos em finalidade diversa da pactuada.

Assim, os convênios, conforme a legislação vigente, são os instrumentos que disciplinam a transferência de recursos públicos e têm como partícipe órgão da administração pública direta, autárquica ou fundacional, empresa pública ou sociedade de economia mista que esteja gerindo recursos orçamentários, visando à execução de planos de trabalho, projeto/atividade ou evento de INTERESSE RECÍPROCO, EM REGIME DE MÚTUA COOPERAÇÃO. Assim, a relação jurídica que se aplica aos convênios pode ser representada pelo esquema a seguir.

Figura 2 – Esquema dos convênios

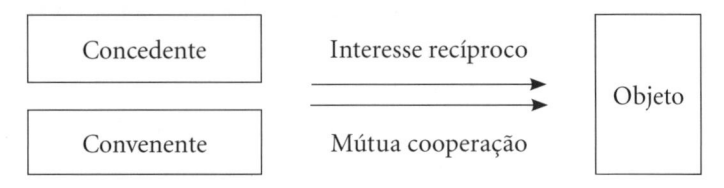

```
┌─────────────┐
│ Concedente  │      Interesse recíproco
└─────────────┘      ──────────────────▶      ┌────────┐
                                              │ Objeto │
┌─────────────┐      Mútua cooperação         └────────┘
│ Convenente  │
└─────────────┘
```

    Quanto ao termo de parceria, ele também é tratado uma forma de transferência voluntária, nos moldes do artigo 25 da Lei de Responsabilidade Fiscal, conforme o entendimento do Tribunal de Contas da União[1]. Tendo em vista essa natureza, muito do regime aplicável aos convênios, no que couber, será aplicável aos termos de parceria. Contudo, como já salientado oportunamente, conforme o artigo 10º da Lei nº 9.790/1999, os termos de parceria regulam-se conforme um regime de VÍNCULO DE COOPERAÇÃO.

    Assim, o esquema da relação jurídica aplicável aos termos de parceria será o seguinte:

Figura 3 – Esquema dos Termos de Parceria

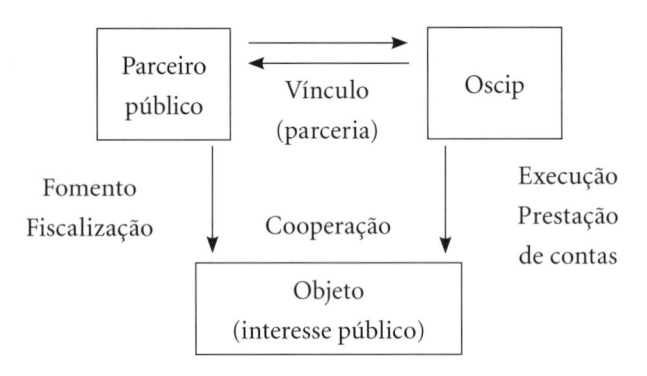

```
      ┌──────────┐    ⇄              ┌───────┐
      │ Parceiro │   Vínculo         │ Oscip │
      │ público  │  (parceria)       └───────┘
      └──────────┘
                                        Execução
   Fomento                               Prestação
   Fiscalização        Cooperação        de contas
                  ┌──────────────────┐
                  │     Objeto       │
                  │(interesse público)│
                  └──────────────────┘
```

    Esse é o sistema peculiar dos termos de parceria que consiste em uma relação mais complexa, pois existe um VÍNCULO DE PARCERIA entre parceiro público e as Oscip, bem como uma relação de cooperação de ambos para o alcance do objeto de interesse público fixado. Nota-se uma relação híbrida, contendo características de contrato (vínculo de parceria) e de convênio (regime de cooperação).

Dessa forma, em linhas gerais, está a divergência entre contratos, convênios e termos de parceria. Adiante será estudada a alma de todos os projetos, o plano de trabalho.

Capítulo 9
Plano de trabalho: delimitador de projetos de interesse público

Qualquer projeto, independentemente da presença de órgãos governamentais ou se é financiado por recursos públicos, deve ser suficientemente planejado, estabelecendo diretrizes para uma execução futura. Esse plano deve conter os elementos mínimos de substância, para que o trabalho/projeto seja executado com eficiência. Essa eficiência traduz-se pelo binômio custo *versus* benefício dentro das metas fixadas e com desempenho que possibilite o benefício (resultado) em um menor espaço de tempo possível. Todos esses dados devem estar delimitados em um PLANO/PROPOSTA DE EXECUÇÃO FUTURA.

Na esfera governamental, os projetos são executados, basicamente, mediante contratos, convênios e/ou termos de parceria. Para cada instrumento mencionado corresponderá um PLANO/PROPOSTA DE EXECUÇÃO FUTURA. Nos contratos, tais planos recebem a denominação de *proposta técnico-financeira* quando se visa a contratação de serviços ou serviço e compra, e *proposta-orçamento* quando se visa unicamente a compra de bens. O enfoque deste trabalho são os projetos de interesse público e, geralmente, não são formalizados mediante contrato; se forem instrumentalizados sob a forma de contrato, deverão obedecer aos requisitos de convênios e termos de parceria, o qual será estudado em seguida.

Para convênios e termos de parceria, os PLANOS/PROPOSTA DE EXECUÇÃO FUTURA, para fins deste estudo e para maior didática, serão denominados unicamente de planos de trabalho, apesar de algumas vezes serem utilizadas nomenclaturas diversas, como PLANO DE ATIVIDADES OU PROGRAMA DE TRABALHO. Na realidade, todos servem para o mesmo fim: a delimitação da futura execução de projetos de interesse público, salvo algumas peculiaridades a serem observadas quando derem respaldo aos termos de parceria, no que concerne à previsão de CRITÉRIOS OBJETIVOS DE AVALIAÇÃO DE DESEMPENHO, MEDIANTE INDICADORES DE RESULTADO. Esses critérios serão abordados oportunamente.

Inicia-se com os erros mais comuns apontados pelo Tribunal de Contas da União. Tendo essa realidade, trabalhar-se-á para que esses erros sejam contornados.

Erros mais comuns na formalização dos planos de trabalho[1]:

- plano de trabalho pouco detalhado;
- caracterização insuficiente da situação de carência dos recursos;
- projeto básico incompleto e/ou com informações insuficientes;
- ausência de projeto básico;
- orçamento subestimado ou superestimado.

Erros mais comuns na execução financeira dos planos de trabalho[2].

- saque total dos recursos sem levar em conta o cronograma físico;
- realização de despesas fora da vigência do instrumento;
- saque dos recursos para pagamento em espécie de despesas;
- utilização de recursos para finalidade diversa do instrumento ou estranha ao objeto;
- pagamento antecipado a fornecedor de bens e serviços;
- transferência de recursos da conta-corrente específica para outras contas;
- retirada de recursos para outra finalidade com posterior ressarcimento;
- aceitação de documentação inidônea para comprovação de despesas (notas fiscais falsas, por exemplo);
- falta de conciliação entre os débitos em conta e os pagamentos efetuados (deve constar o nº do convênio ou do termo de parceria em cada nota ou recibo vinculado);
- ausência de aplicação de recursos no mercado financeiro, quando o prazo previsto de utilização for superior a 30 dias;
- uso dos rendimentos de aplicação financeira para finalidade diferente da prevista no instrumento.

Dada a sua importância, a lei disciplinou os requisitos mínimos para a elaboração dos planos de trabalho, os quais são dispostos no artigo 116 da Lei nº 8.666/1993. Tais requisitos são direcionados aos convênios, contudo, deverão ser também observados nos termos de parceria, uma vez que ambos são considerados como transferências voluntárias[3]. Os requisitos disciplinados pelo artigo 116 da Lei nº 8.666/1993 são os seguintes:

1. identificação do objeto a ser executado (com a sua justificação técnica e a sua justificação jurídica);
2. metas a serem atingidas;
3. etapas ou fases de execução;
4. plano de aplicação dos recursos financeiros;
5. cronograma de desembolso;
6. previsão de início e fim da execução do objeto, assim como da conclusão das etapas ou fases programadas.
7. se o ajuste compreender obra ou serviço de engenharia, comprovação de que recursos próprios para complementar a execução do objeto estão devidamente assegurados, salvo se o custo total do empreendimento recair sobre a entidade ou órgão descentralizador.

O artigo 116 supracitado ainda traz algumas regras que deverão ser obedecidas na execução dos planos de trabalho, tanto no caso de convênios quanto no caso de termos de parceria. Essas regras estão enumeradas a seguir:

1. Assinado o convênio ou o termo de parceria, a entidade ou o órgão repassador dará ciência deste ao Poder Legislativo respectivo.
2. As parcelas do convênio ou do termo de parceria serão liberadas em estrita conformidade com o plano de aplicação aprovado, exceto nos casos a seguir, em que elas ficarão retidas até o saneamento das impropriedades ocorrentes:
    a. quando não houver comprovação de boa e regular aplicação da parcela anteriormente recebida, na forma da legislação aplicável,

inclusive mediante procedimentos de fiscalização local, realizados periodicamente por entidade ou órgão descentralizador dos recursos ou pelo órgão competente do sistema de controle interno da administração pública;

b. quando verificado desvio de finalidade na aplicação dos recursos, atrasos não justificados no cumprimento das etapas ou fases programadas, práticas atentatórias aos princípios fundamentais de administração pública nas contratações e demais atos praticados na execução do convênio ou o inadimplemento do executor com relação a outras cláusulas conveniais básicas;

c. quando o executor deixar de adotar as medidas saneadoras apontadas pelo partícipe repassador dos recursos ou por integrantes do respectivo sistema de controle interno.

3. Os saldos de convênio ou do termo de parceria, enquanto não utilizados, serão obrigatoriamente aplicados em cadernetas de poupança de instituição financeira oficial, se a previsão de seu uso for igual ou superior a um mês, em fundo de aplicação financeira de curto prazo ou em operação de mercado aberto lastreada em títulos da dívida pública, quando a utilização daqueles verificar-se em prazos menores que um mês.

4. As receitas financeiras auferidas na forma do item anterior serão obrigatoriamente computadas a crédito do convênio ou do termo de parceria e aplicadas, exclusivamente, no objeto de sua finalidade, devendo constar de demonstrativo específico que integrará as prestações de contas do ajuste.

5. Quando da conclusão, rescisão ou extinção do convênio ou do termo de parceria, os saldos financeiros remanescentes, inclusive os provenientes das receitas obtidas das aplicações financeiras realizadas, serão devolvidos à entidade ou ao órgão repassador dos recursos, no prazo improrrogável de 30 (trinta) dias do evento, sob pena da imediata instauração de tomada de contas especial do responsável, providenciada pela autoridade competente do órgão ou entidade titular dos recursos.

O artigo 2º da INSTN nº 01/1997 ainda dispõe sobre o plano de trabalho, sendo aplicável tanto aos convênios quanto aos termos de parceria, como se destaca a seguir:

- razões que justifiquem a celebração do convênio ou do termo de parceria;
- descrição completa do objeto a ser executado;
- descrição das metas a serem atingidas, qualitativa e quantitativamente;
- etapas ou fases da execução do objeto, com previsão de início e fim;
- plano de aplicação dos recursos a serem desembolsados pelo concedente e a contrapartida financeira do proponente, se for o caso, para cada projeto ou evento;
- cronograma de desembolso;
- declaração do convenente ou da Oscip, quando for, respectivamente, convênio ou termo de parceria, de que não está em situação de mora ou de inadimplência junto a qualquer órgão ou entidade da administração pública federal direta e indireta;
- comprovação do exercício pleno da propriedade do imóvel, mediante certidão de registro no cartório de imóvel, quando o convênio tiver por objeto a execução de obras ou benfeitorias naquele;
- integrará o plano de trabalho a especificação completa do bem a ser produzido ou adquirido e, no caso de obras, instalações ou serviços, o projeto básico, entendido como o conjunto de elementos necessários e suficientes para caracterizar, de modo preciso, a obra, a instalação ou o serviço objeto do convênio ou do termo de parceria, sua viabilidade técnica, custo, fases ou etapas e prazos de execução, devendo conter os seguintes elementos:
    - desenvolvimento da solução escolhida de forma a fornecer visão global da obra e identificar todos os seus elementos constitutivos com clareza;
    - soluções técnicas globais e localizadas, suficientemente detalhadas, de forma a minimizar a necessidade de reformulação ou de

variantes durante as fases de elaboração do projeto executivo e de realização das obras e montagem;
- identificação dos tipos de serviços a executar e de materiais e equipamentos a incorporar à obra, bem como suas especificações que assegurem os melhores resultados para o empreendimento, sem frustrar o caráter competitivo para a sua execução;
- informações que possibilitem o estudo e a dedução de métodos construtivos, instalações provisórias e condições organizacionais para a obra, sem frustrar o caráter competitivo para a sua execução;
- subsídios para montagem do plano de aquisições e gestão da obra, compreendendo a sua programação, a estratégia de suprimentos, as normas de fiscalização e outros dados necessários em cada caso;
- orçamento detalhado do custo global da obra, fundamentado em quantitativos de serviços e fornecimentos propriamente avaliados;
- a contrapartida do poder público e do convenente ou Oscip, quando for, respectivamente, convênio ou termo de parceria, que poderá ser atendida através de recursos financeiros, de bens ou de serviços, desde que economicamente mensuráveis, e estabelecida de modo compatível com a capacidade financeira da respectiva unidade beneficiada, tendo por limites os percentuais estabelecidos na Lei de Diretrizes Orçamentárias.
- exigir-se-á comprovação de que os recursos referentes à contrapartida para complementar a execução do objeto, quando previstos, estão devidamente assegurados, salvo se o custo total do empreendimento recair sobre a entidade ou o órgão descentralizador;
- a celebração de instrumentos visando à realização de serviços ou execução de obras a serem custeadas integral ou parcialmente com recursos externos dependerá da prévia contratação da operação de crédito.
- quando o convênio envolver montante igual ou inferior a R$ 80.000,00 (oitenta mil reais), poderá integrar o Plano de Trabalho, projeto básico simplificado, contendo especificações mínimas,

desde que essa simplificação não comprometa o acompanhamento e o controle da execução da obra ou da instalação.

- admitir-se-á, ainda, para a celebração do convênio ou do termo de parceria, que o projeto básico seja feito sob a forma de pré-projeto, desde que do instrumento conste cláusula específica suspensiva que condicione a liberação das parcelas de recursos ao atendimento prévio da apresentação do projeto básico ou do projeto básico simplificado, conforme o caso.

Como se percebe, a legislação aplicável aos planos de trabalho é muito vasta e necessita de muito cuidado no seu manejo. O cuidado com um plano de trabalho substancial é essencial para que haja sucesso em qualquer projeto de interesse público, uma vez que todas as ações financiadas pelos cofres públicos deverão se pautar nos princípios peculiares da administração. Imbuída no conceito de eficiência, deve estar a concepção economicidade aliada a técnica que irá otimizar o projeto em sua globalidade.

Capítulo 10
Incentivos fiscais aplicáveis ao terceiro setor

Serão abordados neste capítulo os incentivos destinados ao terceiro setor. Primeiramente será tratado o tema da imunidade, incentivo aplicável a toda instituição sem fins econômicos.

10.1 Incentivos ao funcionamento das instituições sem fins lucrativos

A questão envolve o entendimento sobre a imunidade tributária. A disposição concernente à espécie está definida no artigo 150, VI "c" e parágrafo 4º, da Constituição Federal, bem como do artigo 9º, IV "c" e artigo 14, ambos do Código Tributário Nacional e pela Lei nº 9.532/1997, artigo 12, parágrafo 2º. Em sede regulamentar, a matéria é disciplinada pelo Decreto nº 3.000/1999, artigos 170 e 171, bem como pela Instrução Normativa SRF nº 25/2001, artigo 34.

Para melhor didática a questão será tratada da seguinte forma:

Quadro 3 – Requisitos para a concessão da imunidade

	Requisitos para a concessão de imunidade	Deliberações sobre os requisitos	Fundamento legal
1	Os serviços devem ser apenas aqueles diretamente relacionados com os objetivos institucionais, previstos nos respectivos estatutos ou atos constitutivos.	Entendem-se como serviços estranhos aos objetivos institucionais aqueles não abrangidos pelo estatuto social.	Art. 14, § 2º do Código Tributário Nacional (CTN).
2	Não distribuir qualquer parcela do patrimônio ou da renda, a qualquer título.	A lei abrange os rendimentos distribuídos a título de pró-labore e participação societária como dividendos das S/A, comumente aplicável às sociedades comerciais. O intuito da legislação é vedar a concessão de imunidade a entidades de cunho comercial, isto é, com fito de lucro, mesmo que maquiados sob a forma de instituições sem fins lucrativos.	Art. 14, inciso I do CTN.

(continua)

	REQUISITOS PARA A CONCESSÃO DE IMUNIDADE	DELIBERAÇÕES SOBRE OS REQUISITOS	FUNDAMENTO LEGAL
3	Aplicar integralmente no País seus recursos na manutenção de objetivos institucionais.	A aplicação no País deve ser interpretada literalmente (art. 111 do CTN). Assim, quaisquer recursos aplicados no exterior para ações definidas estatutariamente, vedam a concessão da imunidade, mesmo que efetuadas legalmente. Restam duas interpretações: a primeira, no sentido de que qualquer recurso, independente de sua natureza, que for aplicado (gasto) no exterior veda a concessão da imunidade; a segunda interpretação, mais benéfica ao contribuinte, é aquela em que somente é vedada a imunidade quando a aplicação de recursos no exterior objetivar lucro. Nessa segunda hipótese, é plausível o requerimento de imunidade.	Art. 14, inciso II do CTN.
4	Manter escrituração de suas receitas e despesas em livro revestido de formalidades capazes de assegurar sua exatidão.	O requisito da escrituração exata é aquela efetuada mediante os livros contábeis obrigatórios ou mediante método informatizado equivalente.	Art. 14, inciso III do CTN.
5	Não remunerar, por qualquer forma, seus dirigentes pelos serviços prestados.	Essa vedação foi excepcionada pela Lei nº 10.637, art. 34 para a hipótese de remuneração de dirigente, no âmbito das Oscip, em decorrência de vínculo empregatício, sendo esta remuneração não superior a dos servidores do Poder Executivo Federal (art. 34, parágrafo único.).	Art. 12, § 2º alínea "a" da Lei nº 9.532/1997; art. 170, § 3º, I do Decreto nº 3.000/1999. art. 34 e parágrafo único da Lei nº 10.637/2002. art. 4º, VI da Lei nº 9.790/1999.
6	Aplicar integralmente seus recursos na manutenção e desenvolvimento dos seus objetivos sociais.	A aplicação dos recursos para a obediência ao requisito apresentado deve ser realizada exclusiva e integralmente no tocante às hipóteses previstas no estatuto social.	Art. 12, § 2º alínea "b" da Lei nº 9.532/1997; art. 170, § 3º, II do Decreto nº 3.000/1999.
7	Manter escrituração completa de suas receitas e despesas em livros revestidos das formalidades que assegurem a respectiva exatidão.	Este requisito é uma decorrência do item 4.	Art. 12, § 2º "c" da Lei nº 9.532/1997; art. 170, § 3º, III do Decreto nº 3.000/1999.

(Quadro 3 – continua)

	Requisitos para a concessão de imunidade	Deliberações sobre os requisitos	Fundamento legal
8	Conservar em boa ordem, pelo prazo de cinco anos, contados da data da emissão, os documentos que comprovem a origem de suas receitas e a efetivação de suas despesas, assim como a realização de quaisquer outros atos ou operações que venham a modificar sua situação patrimonial.	Idem	Art. 12, § 2º alínea "d" da Lei nº 9.532/1997; art. 170, § 3º, IV do Decreto nº 3.000/1999.
9	Apresentar, anualmente, Declaração de Rendimentos em conformidade com o disposto em ato da Secretaria da Receita Federal.	A concessão da imunidade não dispensa a declaração anual de bens para a verificação de *superavits* ilegais e de possível ocorrência de distribuição de lucros.	Art. 12, § 2º alínea "e" da Lei nº 9.532/1997; art. 170, § 3º, V do Decreto nº 3.000/1999.
10	Assegurar a destinação de seu patrimônio a outra instituição que atenda às condições para gozo da imunidade, no caso de incorporação, fusão, cisão ou de encerramento de suas atividades, ou a órgão público.	Este requisito deve ser atendido expressamente pelo Estatuto Social da instituição.	Art. 12, § 2º alínea "g" da Lei nº 9.532/1997; art. 170, § 3º, VII do Decreto nº 3.000/1999.
11	No caso das Oscip, o enquadramento de pelo menos uma das hipóteses previstas no art. 3º da Lei nº 9790/1999.	Este requisito deve ser atendido expressamente pelo Estatuto Social da instituição.	Art. 12, § 2º alínea "h" da Lei nº 9.532/1997; art. 170, § 3º, VIII do Decreto nº 3.000/1999; art. 3º da Lei nº 9.790/1999.

(Quadro 3 – continua)

(Quadro 3 – conclusão)

	REQUISITOS PARA A CONCESSÃODEIMUNIDADE	DELIBERAÇÕES SOBRE OS REQUISITOS	FUNDAMENTO LEGAL
12	A existência nos estatutos as disposições do art. 4º da Lei nº 9790/1999.	Há a necessidade de adequação às disposições do novo Código Civil (Lei nº 10.406/2002).	Art. 12, § 2º alínea "h" da Lei nº 9.532/1997; art. 170, § 3º, VIII do Decreto nº 3.000/1999; art. 4º da Lei nº 9.790/1999. arts. 53 a 61 da Lei nº 10.406/2002.
13	Ainda no caso das Oscip, estar devidamente inscrita no Ministério da Justiça.	Deve se consultado no *site* do Ministério da Justiça (http://www.mj.gov.br), no *link* serviços, opção consultas a Oscip, setor da Secretaria Nacional da Justiça, e deve constar a regularidade da qualificação.	Art. 12, § 2º alínea "h" da Lei nº 9.532/1997; art. 170, § 3º, VIII do Decreto nº 3.000/1999; arts. 5º a 8º da Lei nº 9.790/1999.

Presentes todos os requisitos dispostos no quadro, a organização sem fins lucrativos deverá fazer jus à imunidade. Para tanto, deverá fazer a seguinte declaração[a]:

―――――――――――――――――

a. Conforme Anexo Único Instrução Normativa-SRF nº 25/2001.

Modelo de declaração para requerimento de imunidade

Declaração

Nome da entidade.. com sede (endereço completo..), inscrita no CNPJ sob o nº .... para fins da não retenção do imposto de renda sobre rendimentos de aplicações financeiras, realizadas através do .... (nome do banco, corretora ou distribuidora), declara:

a. que é

( ) Partido Político
( ) Fundação de Partido Político
( ) Entidade Sindical de Trabalhadores

b. que o signatário é representante legal desta entidade, assumindo o compromisso de informar a essa instituição financeira, imediatamente, eventual desenquadramento da presente situação e está ciente de que a falsidade na prestação destas informações o sujeitará, juntamente com as demais pessoas que para ela concorrerem, às penalidades previstas na legislação criminal e tributária, relativas à falsidade ideológica (art. 299 do Código Penal) e ao crime contra a ordem tributária (art. 1º da Lei nº 8.137, de 27 de dezembro de 1990).

Local e data ....

_____
Assinatura do responsável

_____
Abono da assinatura pela instituição financeira

10.2 Incentivos relacionados ao Plano de Desenvolvimento Tecnológico (PDT)

O Plano de Desenvolvimento Tecnológico está regulado pela Lei nº 8.661, de 02 de junho de 1993, bem como pelo Decreto nº 949, de 05 de outubro de 1993. Tal plano visa a "capacitação tecnológica da empresa, cujo estímulo é efetuado mediante incentivos fiscais". Para ter acesso ao PDT, a empresa deverá credenciar-se no Ministério da Ciência e Tecnologia (MCT), que acompanhará e avaliará a sua implementação pelos credenciados beneficiários, através da Finep.

Conforme o artigo 1º, parágrafo único, do Decreto nº 949/93, entende-se por capacitação tecnológica o seguinte:

> *Por capacitação tecnológica entende-se a capacidade das empresas em desenvolver endogenamente inovações tecnológicas, bem como selecionar, licenciar, absorver, adaptar, aperfeiçoar e difundir tecnologias, nacionais e estrangeiras.*

Note-se que o desenvolvimento tecnológico será incentivado para a própria empresa, ou seja, "endogeneamente", e não será necessária nenhuma contrapartida direta para o poder público no sentido de cessão da inovação ao patrimônio publico ou social. É necessário lembrar, ainda, que o PDT pode ser proposto e executado por empresa isolada, associação de empresas ou associações de empresas com instituições de pesquisa e desenvolvimento.

O objetivo da referida capacitação tecnológica, conforme o artigo 2º do mesmo decreto, visa:

> *A geração de novos produtos ou processos, ou o evidente aprimoramento de suas características, mediante a execução de programas de pesquisa e desenvolvimento próprios ou contratados junto a instituições de pesquisa e desenvolvimento, gerenciados pela empresa por meios de uma estrutura permanente de gestão tecnológica.*

A definição de gestão tecnológica está disposta no parágrafo 1º, do mesmo artigo 2º, nos seguintes termos:

> *Por gestão tecnológica entende-se a administração do desenvolvimento de um conjunto de habilidades, mecanismos e instrumentos organizacionais, compreendendo aspectos estratégicos, gerenciais, culturais, tecnológicos de estrutura e de serviços, necessários para a sustentação da capacidade de gerar, introduzir e apropriar inovações tecnológicas de produto, de processo e de gestão, de modo sistemático e contínuo, com vistas a maximizar a competitividade da empresa.*

Serão consideradas como atividades de pesquisa e desenvolvimento tecnológico industrial aquelas realizadas no País, compreendendo:

- PESQUISA BÁSICA DIRIGIDA – Aqueles trabalhos executados com o objetivo de adquirir conhecimentos preexistentes quanto à compreensão de novos fenômenos, com vistas ao desenvolvimento de produtos, processos ou sistemas inovadores (art. 3º, § 1º). Verifica-se aqui que a novidade é peça principal para configurar-se pesquisa básica dirigida.
- PESQUISA APLICADA – São considerados como tal os trabalhos executados com o objetivo de adquirir novos conhecimentos, com vistas ao desenvolvimento ou aprimoramento de produtos, processos e sistemas (art. 3º, § 2º).
- DESENVOLVIMENTO EXPERIMENTAL – Aqueles trabalhos sistemáticos delineados a partir de conhecimentos preexistentes, visando à comprovação ou demonstração da viabilidade técnica ou funcional de novos produtos, processos, sistemas e serviços ou, ainda, um evidente aperfeiçoamento dos já produzidos ou estabelecidos (art. 3º, § 3º).
- SERVIÇO DE APOIO TÉCNICO – São aqueles que são indispensáveis à implantação e à manutenção das instalações e dos equipamentos destinados exclusivamente às linhas de pesquisa e desenvolvimento tecnológico dos programas, bem como à capacitação dos recursos humanos dedicados aos mesmos (art. 3º, § 4º).

O artigo 13 do Decreto nº 949/1993, prevê os seguintes incentivos para os PDT, que devem ser expressamente concedidos pelo MCT:

a. dedução, até o limite de 4% do Imposto de Renda (IR) devido, de valor equivalente à aplicação da alíquota cabível do imposto à soma dos dispêndios com atividades de pesquisa e de desenvolvimento tecnológico industrial e agropecuário, incorridos no período-base, classificáveis como despesas operacionais, inclusive pagamentos pela contratação de atividades, no País, junto a instituições de pesquisa e de desenvolvimento tecnológico e outras empresas, desde que mantida com a titular a responsabilidade, o risco empresarial, a gestão e o controle da utilização dos resultados do programa, podendo o eventual excesso ser aproveitado no próprio ano calendário ou nos dois anos calendário subseqüentes;
b. redução de 50% do Imposto sobre Produtos Industrializados (IPI) incidente sobre equipamentos, máquinas, aparelhos e instrumentos, bem como sobre acessórios, sobressalentes e ferramentas que, em quantidade normal, acompanhem esses bens, destinados à pesquisa e ao desenvolvimento tecnológico;
c. depreciação acelerada, calculada pela aplicação da taxa de depreciação usualmente admitida, multiplicada por dois, sem prejuízo da depreciação normal, de máquinas, equipamentos, aparelhos e instrumentos novos, destinados à utilização nas atividades de pesquisa e desenvolvimento tecnológico industrial e agropecuário, classificáveis no ativo diferido do beneficiário, para efeito de apuração do IR;
d. amortização acelerada, mediante dedução como custo ou despesa operacional, no período-base em que forem efetuados, dos dispêndios relativos à aquisição de bens intangíveis vinculados exclusivamente às atividades de pesquisa e desenvolvimento tecnológico industrial e agropecuário, classificáveis no ativo diferido do beneficiário, classificáveis no ativo diferido do beneficiário, para efeito de apuração do IR;
e. crédito de 50% do IR retido na fonte e redução de 25% do Imposto sobre Operações de Crédito, Câmbio e Seguro ou Relativas a Títulos

e Valores Mobiliários (IOF), incidentes sobre os valores pagos, remetidos ou creditados a beneficiários residentes ou domiciliados no exterior, a título de *royalties*, de assistência técnica ou científica e de serviços especializados, previstos em contratos de transferência de tecnologia averbados no Instituto Nacional de Propriedade Industrial (Inpi);

f. dedução, pelas empresas industriais ou agropecuárias de tecnologia de ponta ou de bens de capital não seriados, como DESPESA OPERACIONAL, da soma dos pagamentos em moeda nacional ou estrangeira, efetuados a título de *royalties*, de assistência técnica ou científica, até o limite de 10% da receita líquida das vendas dos bens produzidos com a aplicação da tecnologia objeto desses pagamentos, desde que o Plano de Desenvolvimento Tecnológico e Industrial (PDTI) ou o Plano de Desenvolvimento Tecnológico Avançado (PDTA) esteja vinculado à averbação de contrato de transferência de tecnologia, nos termos do Código da Propriedade Industrial.

Sobre os incentivos, são necessários os seguintes esclarecimentos:

- na apuração dos dispêndios realizados em atividades de pesquisa e de desenvolvimento tecnológico industrial, não serão computados os montantes alocados, como recursos não reembolsáveis, por órgãos e entidades do poder público;
- não serão admitidos, entre os dispêndios com atividades de pesquisa e de desenvolvimento tecnológico industrial, incorridos no período-base, classificáveis como despesas operacionais, os pagamentos de assistência técnica, científica ou assemelhados, e de *royalties* por patentes industriais, exceto quando efetuados à instituição de pesquisa constituída no País;
- o incentivo fiscal previsto no inciso I do artigo 13 (dedução do IR) não será concedido simultaneamente com os previstos no inciso V do mesmo artigo (amortização acelerada para efeito de apuração do IR), exceto quando relativo à parcela dos dispêndios, efetuados no

País, que exceder o valor do compromisso assumido;
- são asseguradas a manutenção e a utilização dos créditos do IPI relativos a matérias-primas, produtos intermediários e material de embalagem, efetivamente empregados na industrialização dos produtos, incidentes da mesma forma que sobre equipamentos, máquinas, aparelhos e instrumentos, bem como sobre os acessórios, sobressalentes e ferramentas que, em quantidade normal, acompanhem esses bens, destinados à pesquisa e ao desenvolvimento tecnológico;
- tratando-se de aquisição no mercado interno de produto nacional ou de procedência, a isenção do IPI será aplicada automaticamente pelo estabelecimento industrial ou equiparado a industrial, à vista de pedido, ordem de compra ou documento de adjudicação da encomenda emitido pelo adquirente, que ficará arquivado à disposição da fiscalização e do qual deverá constar a finalidade a que se destina o produto e a indicação do ato administrativo que concedeu o incentivo fiscal;
- o estabelecimento equiparado à indústria que fornecer o produto, nacional ou estrangeiro, com a aplicação da isenção do IPI incidente sobre equipamentos, máquinas, aparelhos e instrumentos, bem como sobre acessórios, sobressalentes e ferramentas que, em quantidade normal, acompanhem esses bens, destinados à pesquisa e ao desenvolvimento tecnológico, deverá estornar o crédito do imposto relativo a sua aquisição ou pago no seu desembaraço aduaneiro;
- na hipótese de importação do produto pelo beneficiário da isenção incidente sobre equipamentos, máquinas, aparelhos e instrumentos, bem como sobre acessórios, sobressalentes e ferramentas que, em quantidade normal, acompanhem esses bens, destinados à pesquisa e ao desenvolvimento tecnológico, este deverá indicar na declaração de importação a finalidade a que se destina e o ato administrativo que concedeu o incentivo fiscal;
- os incentivos fiscais dos incisos III e IV do artigo 13 "depreciação e amortização acelerada para efeito de apuração IR" não serão concedidos simultaneamente com os previstos no inciso V do mesmo artigo "crédito de 50% do IR retido na fonte e redução de 50% do IOF";

- quando o pleito contemplar os incentivos fiscais de que trata o inciso V ou VI do artigo 13, "Crédito de 50% do IR retido na fonte e redução de 50% do IOF; e dedução como despesa operacional, da soma dos pagamentos em moeda nacional ou estrangeira, efetuados a título de *royalties*, de assistência técnica ou científica", o PDTI deverá ser apresentado com a cópia da averbação dos contratos de transferência de tecnologia pelo Instituto de Propriedade Industrial (INPI);
- os incentivos fiscais de que trata o inciso V do artigo 13, "crédito de 50% do IR retido na fonte e redução de 50% do IOF", somente serão concedidos à empresa que assumir o compromisso de realizar, na execução do PDTI, dispêndios em pesquisa e desenvolvimento, no País, em montante equivalente, no mínimo, ao dobro do valor desses incentivos, atualizados monetariamente;
- o crédito do IR retido na fonte, a que se refere o inciso V do artigo 13 "crédito de 50% do IR retido na fonte e redução de 50% do IOF", será restituído em moeda corrente, dentro de 30 dias de seu recolhimento, conforme disposto em ato normativo do Ministério da Fazenda;
- quando não puder ou não quiser valer-se do incentivo fiscal do inciso VI do artigo 13 "dedução como despesa operacional, da soma dos pagamentos em moeda nacional ou estrangeira, efetuados a título de *royalties*, de assistência técnica ou científica", a empresa terá direito à dedução, prevista na legislação do IR; dos pagamentos nele referidos, até o limite de 5% da receita líquida das vendas do bem produzido com a aplicação da tecnologia objeto desses pagamentos, caso em que a dedução continuará condicionada à averbação do contrato, nos termos do Código da Propriedade Industrial;
- os incentivos fiscais previstos nos incisos V e VI do artigo 13, "crédito de 50% do IR retido na fonte e redução de 50% do IOF; e dedução como despesa operacional, da soma dos pagamentos em moeda nacional ou estrangeira, efetuados a título de *royalties*, de assistência técnica ou científica", não se aplicam às importações de tecnologia cujos pagamentos não sejam passíveis de:
    - remessa ao exterior, pelo uso de patentes de invenção e de marcas

de indústria ou de comércio, entre filial ou subsidiária de empresa estabelecida no Brasil e sua matriz com sede no exterior ou quando a maioria do capital da empresa no Brasil pertença ao aos titulares do recebimento dos *royalties* no estrangeiro, salvo nos casos decorrentes de contratos que, posteriormente a 31 de dezembro de 1991, venham a ser assinados, averbados no Instituto Nacional da Propriedade Industrial (INPI) e registrados no Banco Central do Brasil;

- dedutibilidade, igualmente nos casos referidos anteriormente, bem como nos casos que corresponderem a serviços efetivamente prestados à empresa através de técnicos, desenhos ou instruções enviados ao País e estudos técnicos realizados no exterior por sua conta;
- o incentivo fiscal de que trata o inciso VI do artigo 13, "dedução como despesa operacional, da soma dos pagamentos em moeda nacional ou estrangeira, efetuados a título de *royalties*, de assistência técnica ou científica", somente será concedido aos titulares de PDTI que tenham assumido o compromisso de realizar, na execução do PDTI, dispêndios em pesquisa e desenvolvimento, no País, em montante equivalente, no mínimo, ao dobro do valor desses incentivos, atualizados monetariamente;
- caso a empresa ou a associação tenha optado por executar o programa de desenvolvimento tecnológico sem a prévia aprovação do respectivo PDTI, poderá ser concedido após a sua execução, em ato conjunto do Ministério da Fazenda (MFAZ) e do MCT, como ressarcimento do incentivo fiscal previsto no inciso I do artigo 13, o benefício correspondente a seu equivalente financeiro, expresso em Ufir, para utilização na dedução do IR devido após a concessão do mencionado benefício, desde que:
  - o início da execução do programa tenha ocorrido a partir de 1º de janeiro de 1994;
  - o programa tenha sido concluído com sucesso, o que deverá ser comprovado pela disponibilidade de um produto ou processo, com evidente aprimoramento tecnológico, e pela declaração

formal do beneficiário de produzir e comercializar ou usar o produto ou processo;
- o pleito de concessão do benefício refira-se, no máximo, ao período de 36 meses anteriores ao de sua apresentação, respeitado o termo inicial a partir de 1º de janeiro de 1994;
- a empresa ou a associação tenha destacado contabilmente, com subtítulos por natureza de gasto, os dispêndios relativos às atividades de pesquisa e de desenvolvimento tecnológico do programa, durante o período de sua execução, de modo a possibilitar ao MCT e à SRF a realização de auditoria prévia à concessão do benefício;
- o PDTI ou PDTA atenda, no que couber, aos demais requisitos previstos no Decreto 949/93, especialmente no que se refere aos artigos 6º a 12, que será explanado oportunamente;
- a opção por executar programas de desenvolvimento tecnológico, sem a aprovação prévia de PDTI ou PDTA, não gera, em quaisquer circunstâncias, direito à concessão do benefício de dedução do IR;
- para fins de cálculo do benefício a que se refere esse artigo, será observado o limite total de 8% de dedução do IR devido, inclusive na hipótese de execução concomitante de outro PDTI, também beneficiado com a concessão do mesmo incentivo;
- o benefício poderá ser usufruído a partir da data de sua concessão até o término do segundo ano calendário subseqüente, respeitado o limite total de dedução de 8% do IR devido;
- equiparam-se às empresas industriais, para isenção de IPI, as universidades e as instituições de pesquisa que apresentem PDTI;
- para usufruir dos incentivos fiscais, as empresas de desenvolvimento de circuitos integrados e aquelas que, por determinação legal, invistam em pesquisa e desenvolvimento de tecnologia de produção de *software*, sem que esta seja a sua atividade-fim, deverão elaborar e apresentar programas, conforme os estritos termos da lei.
- as despesas de custeio (pessoal e encargos, serviços de terceiros e material de consumo) e de capital (equipamentos e material permanente),

bem como as relativas à aquisição de bens intangíveis, relacionadas com o PDTI, devem ser explicitadas conforme definido e classificado pela legislação tributária brasileira.

É evidente que todos esses detalhes são tomados genericamente. Caso a caso, deverão ser adequados aos fins e às metas que se pretendem com o projeto a ser proposto.

Para que o interessado possa ser contemplado pelos incentivos peculiares, é necessário que o PDTI obedeça a alguns requisitos. Para tanto deverá conter as seguintes informações:

a. dados básicos da empresa, os objetivos, metas e prazos do programa;
b. atividades a serem executadas;
c. recursos necessários;
d. incentivos fiscais pleiteados;
e. compromissos a serem assumidos pela empresa titular;
f. conjunto de linhas de pesquisa e de desenvolvimento tecnológico. Excepcionalmente, admitir-se-á PDTI com uma única linha de pesquisa e de desenvolvimento tecnológico;
- o prazo de duração do PDTI não poderá ser superior a cinco anos. Contudo, durante a execução, as linhas de pesquisa e de desenvolvimento tecnológico poderão ser modificadas, suprimidas ou incluídas, mediante a anuência do MCT;
- para a execução de PDTI é facultada a contratação de atividades, no País, junto de instituições de pesquisa e de desenvolvimento tecnológico e outras empresas, desde que mantida com a titular a responsabilidade, o risco empresarial, a gestão e o controle da utilização dos resultados do programa;
- as associações para a execução de PDTI deverão ser formalizadas mediante convênio ou instrumento jurídico assemelhado, como o Termo de Parceria, sendo que a aprovação do PDTI pelo MCT estará condicionada à entrega desse instrumento jurídico, no qual, obrigatoriamente, constarão itens indicando:

a. a identificação dos associados;
b. o objetivo;
c. os recursos a serem alocados, expressos em cruzeiros reais e em Ufir;
d. os direitos e obrigações de cada associado;
e. a questão do programa;
f. a execução do programa;
g. a apropriação dos resultados;
h. a participação nos incentivos fiscais;
i. a proposta do PDTI;
j. outros aspectos relevantes;

- para efeito da fruição dos incentivos fiscais previstos, as empresas e as instituições de pesquisa e de desenvolvimento tecnológico, integrantes de associação executora de PDTI, equiparam-se às empresas isoladas. Sendo que a fruição dos incentivos fiscais será proporcional à participação de cada integrante da associação executora de PDTI;
- as empresas executoras de PDTI, isoladamente ou em associação, deverão destacar contabilmente, com subtítulos por natureza de gasto, os dispêndios relativos às atividades de pesquisa e de desenvolvimento tecnológico do programa, durante o período de sua execução;
- as solicitações de aprovação de PDTI deverão ser apresentadas à Financiadora de Estudos e Projetos (Finep), agência credenciada pelo MCT, acompanhadas das certidões negativas de débito, relativas às contribuições sociais, expedidas pela Secretaria da Receita Federal (SRF), do Ministério da Fazenda e pelo Instituto Nacional do Seguro Social (INSS), do Ministério da Previdência Social;
- o responsável pela gestão tecnológica na empresa deverá responder às questões a seguir, de forma sucinta e objetiva, em formato livre, apondo, ao final, a declaração "Atesto que estas informações são a expressão da verdade", com o nome, cargo, número do CPF e assinatura:

a. Qual é a estrutura permanente de gestão tecnológica e há quanto tempo existe, indicando a sua localização no organograma da empresa e suas funções, tais como prospecção, planejamento e avaliação?

b. Qual é a experiência da empresa no planejamento e execução de atividades de Pesquisa e Desenvolvimento (P&D), inclusive PDTI anteriores, indicando a existência de centro tecnológico próprio ou laboratórios, plantas piloto ou quaisquer outras infra-estruturas voltadas para a sua capacitação tecnológica, bem como a interação com entidades de P&D?
c. Qual foi o montante investido em P&D pela empresa, relacionando o seu faturamento bruto (em R$ mil) e o percentual desse faturamento aplicado em pesquisa e desenvolvimento (%), nos últimos 3 (três) anos?
d. Qual é o grau atual de desenvolvimento do sistema de gestão da qualidade da empresa, indicando se este é certificado, se produtos, processos e serviços são certificados por terceira parte e se há atividades de normalização técnica, internas ou externas?
e. Quais foram os principais resultados tecnológicos, relacionados a produtos, processos ou serviços, atingidos pela empresa, nos últimos 3 (três) anos?
f. Quais são as linhas de P&D do PDTI, numerando-as e indicando, em cada uma, os objetivos pretendidos, tais como geração de novos produtos ou processos, ou aperfeiçoamento de suas características tecnológicas, e a natureza das atividades envolvidas (pesquisa básica dirigida, pesquisa aplicada ou desenvolvimento experimental)?
g. Quais as principais metas e respectivos prazos das linhas de P&D do PDTI, indicando a situação atual e a pretendida, bem como os principais marcos intermediários de referência?
h. Qual é a estrutura de recursos humanos envolvida no PDTI, própria ou de instituições de P&D contratadas, de acordo com sua formação (pós-graduados, de níveis superior ou médio)?
i. Complementarmente ao PDTI, a sua empresa executa um programa de desenvolvimento de recursos humanos, com ou sem o apoio do governo (como o Programa de Capacitação de Recursos Humanos para Atividades Estratégicas – RHAE, Programa de Apoio ao Desenvolvimento Científico e Tecnológico – PCDT ou Programa de Apoio à Capacitação Tecnológica da Indústria – PACTI)?

j. Que entidades tecnológicas (como centros de informações tecnológicas, instituições de P&D ou universidades) foram contactadas para verificar a disponibilidade das tecnologias objeto do PDTI?
k. Que instituições de P&D foram, ou serão, contratadas, indicando os seus setores especializados envolvidos e o percentual de participação, em valor, por linha de P&D na execução do programa?
l. Quais são as formas de cooperação com clientes e fornecedores na execução do PDTI?
m. O que, em termos de resultados, o PDTI poderá proporcionar à empresa no que se refere à sua competitividade, bem como seus reflexos sociais, atendimento ao consumidor e preservação do meio ambiente?

Todas as instituições que pleitearem os incentivos fiscais ao PDTI deverão anexar:

a. Certidões negativas de débito, relativas às contribuições sociais, expedidas pela Secretaria da Receita Federal (SRF), pelo Instituto Nacional do Seguro Social (INSS) e as relativas ao Fundo de Garantia do Tempo de Serviço (FGTS), expedidas pela Caixa Econômica Federal.
b. No caso de pleitos dos incentivos fiscais referentes ao crédito de 50% do IR retido na fonte e redução de 25% do IOF; e dedução como DESPESA OPERACIONAL, da soma dos pagamentos em moeda nacional ou estrangeira, efetuados a título de *royalties*, de assistência técnica ou científica, até o limite de 10% da receita líquida das vendas dos bens produzidos com a aplicação da tecnologia objeto desses pagamentos:
 • cópia do Certificado de Averbação dos contratos de transferência de tecnologia, expedido pelo Instituto Nacional da Propriedade Industrial (INPI);
 • declaração formal do beneficiário citando os dispêndios em P&D a realizar na execução do PDTI ou PDTA, no País, em montante equivalente, no mínimo, ao dobro do valor desses incentivos, atualizados monetariamente.

c. No caso de PDTI *Ex-post* (quando o programa já foi executado sem a prévia aprovação), a declaração formal do beneficiário de produzir e comercializar ou usar o produto ou processo resultante do programa.

Os PDTI associativos deverão anexar também a minuta, a cópia de convênio ou qualquer instrumento jurídico assemelhado que formalize a associação executora do programa. Nesse caso, o preenchimento da proposta pela entidade responsável pela gestão do programa, assim como pelas entidades participantes.

Quando for necessária qualquer alteração no PDTI ou PDTA, o interessado deverá encaminhar à mesma agência em que recebeu o programa, para anuência prévia apenas dos itens alterados e novos.

10.3 Os fundos setoriais: o programa verde amarelo como fomento às pesquisas

Partindo para o plano de execução, o financiamento das políticas sociais, no Brasil, sofre algumas contradições em face da sua realidade interna. Segundo pesquisa da Comissão Econômica para a América Latina e Caribe (Cepal), o Brasil é o país que mais investe nessa área em toda a América Latina. O gasto *per capita* de 1994 a 1996 superou números de países como Chile e Costa Rica. São 741 dólares por habitante no Brasil, ou seja, 15,3% do PIB. Tomando em conta o gasto público, equivale a 46,2% do PIB e analisando séries temporais a evolução das despesas é sensivelmente mais favorável no governo anterior a 1994: US$ 445 em 1980/1981; US$ 410 em 1985/1986; US$ 428 em 1990/1991 e US$ 547 em 1994/1996[1].

Contudo, os resultados desses investimentos serão sensíveis a médio e longo prazo. Para tanto, o terceiro setor vem contribuindo maciçamente para o implemento dessas políticas sociais, sendo a parceria entre o Estado e as organizações sem fins lucrativos estratégica porque, além de o Estado descentralizar seus serviços, há um sensível ganho no quesito eficiência, no qual a sociedade civil foi incumbida a desenvolver atividades de interesse público.

Com a retomada da necessidade de investimentos, foram criados 14 fundos setoriais nos mais importantes departamentos afetos à ciência e à tecnologia. Entre eles, o Fundo Verde-Amarelo (FVA), que financia o Programa de Estímulo à Interação Universidade-Empresa para Apoio à Inovação, o qual dará importante contribuição no fomento da ciência e da tecnologia, com estratégica atuação do terceiro setor.

Esse fundo, cujo fundamento legal se encontra na Lei nº 10.168, de 29 de dezembro de 2000, na Lei nº 10.332, de 19 de dezembro de 2001 e no Decreto nº 4.195, de 11 de abril de 2002, tem como foco incentivar a implementação de projetos de pesquisa científica e tecnológica cooperativa entre universidades, centros de pesquisa e o setor produtivo; estimular a ampliação dos gastos em P&D realizados por empresas; apoiar ações e programas que reforcem e consolidem uma cultura empreendedora e de investimento de risco no País.

O FVA tem um papel de estímulo, complementação e ampliação do alcance das iniciativas e das diretrizes consideradas prioritárias pelo governo federal em conjunto com os segmentos da sociedade envolvidos na interação universidade-empresa. Nesse sentido, ele pode conferir "flexibilidade às políticas do governo" e ampliar, com base em políticas financeiras e instrumentos institucionais adequados, as interfaces do MCT com os demais ministérios, com o setor privado e mesmo com os governos estaduais. Para o êxito do Programa de Estímulo à Interação Universidade-Empresa para Apoio à Inovação, os recursos do FVA devem ser aplicados, observando as seguintes diretrizes:

- Criar um ambiente favorável à promoção da inovação pela articulação de oferta e demanda de conhecimento, contribuindo assim para dar maior alcance e coordenação aos sistemas de inovação no País.
- Incentivar o comprometimento das empresas e das instituições de pesquisa para com a inovação e a sua difusão.
- Estimular a cooperação entre centros de pesquisa, instituições de

ensino superior e empresas, incentivando a constituição de redes cooperativas de pesquisa e a maior participação de recursos privados para o financiamento de atividades de C&T.
- Contribuir para consolidação da infra-estrutura de serviços tecnológicos em tecnologia industrial básica, compreendendo as funções de metrologia, normalização e regulamentação técnica, avaliação da conformidade, tecnologias de gestão, propriedade intelectual e informação tecnológica, como instrumentos para superação de barreiras técnicas ao comércio.
- Direcionar e dar foco às atividades de pesquisa e desenvolvimento (P&D) e de qualificação de recursos humanos, adequando-as aos interesses estratégicos do País, de forma a se alinhar com as políticas tecnológicas e de desenvolvimento.
- Valorizar, no processo de seleção de propostas a serem apoiadas, aspectos como valor agregado, definidos sob a ótica do mercado, competitividade, gestão e retorno econômico e social sobre o investimento, além daqueles de excelência e mérito, utilizados para os campos científico e tecnológico.
- Fomentar a formação e a consolidação de grupos de pesquisa, em cooperação com o setor empresarial, de modo a permitir o atendimento das necessidades desse setor.
- Promover a profissionalização das atividades necessárias à gestão da inovação, priorizando a melhoria da capacitação para a comercialização de produtos e processos, negociação de contratos e gestão da propriedade intelectual.
- Articular parcerias com instituições, públicas ou privadas, que mantenham programas de apoio ao desenvolvimento científico e tecnológico, buscando a complementaridade de programas afins, a otimização da utilização dos instrumentos disponíveis e a agilização na execução dos projetos cooperativos.
- Promover parcerias negociadas com as empresas, visando ampliar a densidade tecnológica de seus produtos, principalmente no cenário atual de busca de diferentes formas de diversificação.

- Incentivar a criação e a consolidação de sistemas de informação sobre os diversos setores e as cadeias produtivas, indicadores de ciência, tecnologia e inovação, capacitação de recursos humanos e infra-estrutura, bem como sobre as atividades desenvolvidas pelas instituições de ciência, tecnologia e inovação (CT&I)[b].

O MCT possui as seguintes fontes de financiamento, através de programas de fomento[c]:

- PROGRAMA DE CAPACITAÇÃO DE RECURSOS HUMANOS PARA ATIVIDADES ESTRATÉGICAS (RHAE) – Apóia de forma institucional ou interinstitucional projetos para a capacitação de recursos humanos, quando vinculados a linhas de pesquisa tecnológica, ao desenvolvimento de processos produtivos e aos serviços tecnológicos e de gestão, enfatizando a colaboração entre empresas, universidades e institutos de pesquisas;
- PROGRAMA DE APOIO AO DESENVOLVIMENTO CIENTÍFICO E TECNOLÓGICO (PADCT) – Visa ampliar a capacitação tecnológica do setor produtivo e fortalecer a competência científica e tecnológica em áreas estratégicas, por meio de estímulo à parceria entre setor privado e governamental, financiamento a atividades de P&D e aprimoramento da Gestão de C&T.
- PROGRAMA DE APOIO À CAPACITAÇÃO TECNOLÓGICA DA INDÚSTRIA (PACTI) – Apóia, orienta e articula as ações relativas à capacitação tecnológica da indústria, visando aumentar a competitividade dos bens e serviços produzidos no País.
- PROGRAMA PILOTO PARA A PROTEÇÃO DAS FLORESTAS TROPICAIS DO BRASIL (PPG7) – Visa o fortalecimento e a maximização dos benefícios ambientais das florestas tropicais brasileiras, de maneira

---
b. Programa de Estímulo à Interação Universidade Empresa para Apoio à Inovação – Documento Básico, 2002, p. 129-143.

c. Para ver o programa de fomento na íntegra, acesse: http://www.mct.gov.br/Fontes/Prog-CT/Default.htm.

compatível com o desenvolvimento do país, promovendo e disseminando conhecimentos científicos e tecnológicos relevantes à conservação e ao uso racional dos recursos naturais da Amazônia.
- PROGRAMA SOCIEDADE DA INFORMAÇÃO (SOCINFO) – Conjunto de iniciativas que prevê ações dos governos federal, estaduais e municipais, junto com a iniciativa privada. Pretende viabilizar um novo estágio de evolução da internet e suas aplicações no Brasil, tanto na capacitação de pessoal para pesquisa e desenvolvimento quanto na garantia de serviços avançados de comunicação e informação.
- PROGRAMA DE DESENVOLVIMENTO TECNOLÓGICO INDUSTRIAL (PDTI) E PROGRAMA DE DESENVOLVIMENTO AGROPECUÁRIO (PDTA) – Disponibilizam incentivos fiscais aos setores industrial e agropecuário, estimulando investimentos empresariais em pesquisa e desenvolvimento tecnológico, para aumentar o grau de competitividade das empresas brasileiras, por meio de uma estrutura permanente de gestão tecnológica.
- PROGRAMA SOCIEDADE PARA PROMOÇÃO DA EXCELÊNCIA DO SOFTWARE BRASILEIRO (SOFTEX) – Possui duas vertentes principais – tecnológica e de mercado. Na vertente tecnológica, procura estabelecer núcleos de desenvolvimento de *software* para exportação e centros gêneses de suporte à geração de novas empresas em cidades brasileiras. Na vertente de mercado, monta escritórios de representação no exterior, com espaço para "incubação mercadológica".
- PROGRAMA TEMÁTICO MULTIINSTITUCIONAL EM CIÊNCIA DA COMPUTAÇÃO (PROTEM–CC) – Visa promover processo de cooperação nacional entre grupos de pesquisa e entre estes e o setor industrial, por intermédio da realização de projetos temáticos multiinstitucionais em torno de temas/problemas nacionais.
- REDE NACIONAL DE PESQUISA (RNP) – Tem como objetivo contribuir para a implantação e disseminação no Brasil da rede internet, suas tecnologias e aplicações, especialmente nas áreas de educação, pesquisa e órgãos de governo. A partir de 1995, atuou também na implantação de serviços comerciais de internet em todo o Brasil,

como provedora de uma espinha dorsal aberta à utilização por todos os segmentos da sociedade, inclusive pela iniciativa privada. Cumprida a missão de disseminar o uso da internet no Brasil, a RNP retorna ao seu objetivo básico de desenvolvimento acadêmico e tecnológico.

- PROGRAMA NACIONAL DE APOIO A INCUBADORAS DE EMPRESAS (PNI) – Congrega, articula, aprimora e divulga esforços institucionais e financeiros de suporte à incubadora de empresas.
- APOIO À CONSTITUIÇÃO DE ENTIDADES TECNOLÓGICAS SETORIAIS (ETS) – Objetiva estimular a organização de entidades que, setorialmente, possam desempenhar o papel de catalisadoras, disseminadoras ou gerenciadoras da produção do conhecimento, indispensável ao aumento da competitividade.
- PROJETO ALFA – Tem por objetivo estimular a inovação tecnológica nas micro e pequenas indústrias (MPIs), por meio da oferta de linha de financiamento, não reembolsável, para apoiar a realização de Estudo de Viabilidade Técnica e Econômica (EVTE) de projetos de desenvolvimento de inovações tecnológicas.
- EXPERIMENTO DE GRANDE ESCALA DA BIOSFERA-ATMOSFERA NA AMAZÔNIA (LBA) – Iniciativa internacional de pesquisa liderada pelo Brasil, planejado para gerar novos conhecimentos necessários à compreensão do funcionamento climatológico, ecológico, biogeoquímico e hidrológico da Amazônia, do impacto das mudanças dos usos da terra nesse funcionamento e das interações entre a Amazônia e o sistema biogeofísico global da Terra.

A política de financiamento definida para as atividades de P&D tem como base quatro fontes ou vertentes principais:

- Recursos orçamentários do Tesouro Nacional;
- Recursos de fomento conquistados de Agências/Editais;
- Recursos de clientes externos mediante projetos e serviços remunerados; e

- Outros recursos mediante execução de projetos especialmente encomendados pelo governo.

A Comissão de Avaliação de Unidades de Pesquisas do MCT (UPs) recomenda que "as UPs que executam papéis típicos de Estado devem ser garantidos os orçamentos (custeio e capital etc.) e a liberação dos respectivos recursos financeiros necessários para a realização de missões"[d]. Para tanto, os recursos de fomento, assim considerados aqueles provenientes dos fundos setoriais, têm natureza fundamental para os mecanismos de ciência e tecnologia, para as UPs no desenvolvimento científico e tecnológico nacional, em que os recursos do fundo nacional de desenvolvimento científico e tecnológico (FNDCT), são aplicados hoje com mecanismos adequados para cumprir tal finalidade.

Como se observa, muitos são os vetores que envolvem investimentos públicos na área de ciência e tecnologia. Em todos esses programas, há a previsão de participação de organizações não governamentais e demais organizações da sociedade civil, conforme as linhas mestras traçadas no Programa de Ciência e Tecnologia para o Desenvolvimento Social, de agosto de 2002. Verifica-se a importância do terceiro setor como parceiro estratégico do poder público para o desenvolvimento social, pois em cada um destes programas de desenvolvimento poderá haver uma parceria estratégica. Isso se afirma pela simples leitura do artigo 3º e seus incisos, da Lei nº 9.790/1999, em que constam as finalidades que poderão qualificar uma Oscip. O que deve ser observado é uma mudança de atitude, no qual "o desafio de expandir a visão que os dirigentes possuem sobre sua entidade para um horizonte mais amplo, não se restringindo somente ao aperfeiçoamento de sua gestão, mas procurando também parcerias estratégicas que proporcionem apoio institucional"[2].

---
d. Relatório de Avaliação das Unidades de Pesquisa do MCT, 2002, p. 203.

10.4 Os grandes programas tecnológicos: a aliança do setor público com o setor privado

Os grandes programas tecnológicos são importantes modalidades de intervenção pública em matéria de ciência e tecnologia. São iniciativas coordenadas de apoio à atividade de pesquisa e desenvolvimento com objetivos e metas suficientemente definidas. Essa coordenação é feita almejando uma vantagem muito específica: a facilidade de captação dos resultados provenientes da ação pública[3].

Um panorama analisando conclusões embasadas nos trabalhos da Organização para a Cooperação e o Desenvolvimento Econômicos (OCDE) pode ser traduzido do estudo a seguir, nas Relações Ciência-Indústria (RCI), que força um pensamento mais cooperativo da ciência, como se transcreve:

> *De qualquer maneira – e essa é a principal conclusão que retemos do exercício comparativo da OCDE, referenciado ao longo do artigo – as instituições públicas de pesquisa, as universidades e as empresas industriais revelam-se em ótimas condições para determinar a melhor maneira de intensificar suas interações e atividades de cooperação na prática. Na verdade, são os governos que têm a responsabilidade de estabelecer as regras básicas, os marcos institucionais e os incentivos mais adequados que devem ser concedidos às empresas e às instituições de pesquisa. A ação política é portanto considerada de extrema importância e, para a totalidade dos países, imprescindível ao bom desempenho das RCI e de seu impacto sobre o processo de inovação. Nesse sentido, a título de conclusão, sintetizamos abaixo as principais implicações políticas e recomendações que emanam dos trabalhos da OCDE sobre o assunto, que foram amplamente discutidas na Conferência Internacional Benchmarking Industry-Science Relationships, realizada em Berlim em 2000, e em outros importantes foros da Organização – assegurar um quadro adequado para a proteção dos direitos de propriedade intelectual, com a fixação de regras e orientações claras relativas aos direitos*

da instituição executora e, ao mesmo tempo, garantindo aos pesquisadores o recebimento de uma participação nos "royalties"; – melhorar a gestão das RCI nas universidades e nos institutos de pesquisa, através da adoção, dentre outros recursos, de atividades regulares de prospecção tecnológica e de novos instrumentos voltados à identificação e definição de prioridades que reflitam as necessidades da indústria; – promover e fortalecer a implicação das PME no processo de inovação, e estimular a criação de "spin-offs", como meio que permite às universidades estender amplamente suas licenças de tecnologia; – atrair e reter recursos humanos qualificados, com vistas a manter talentos e evitar a "fuga de cérebros"; isso implica perspectivas de melhora profissional e salarial, e a garantia de boas condições para o exercício das atividades de pesquisa; – eliminar as barreiras e a falta de incentivos ao treinamento ou alocação temporária de pesquisadores do setor público e de universitários nas empresas, por intermédio de reformas legislativas ou da flexibilização do regime de trabalho desses pesquisadores; – melhorar e fortalecer os esforços de avaliação da P&D pública, com a adoção de novos critérios que considerem os esforços de comercialização dos resultados das pesquisas realizadas nas universidades e nos institutos de pesquisa; – responder à globalização das atividades de P&D, através da abertura dos programas nacionais à participação de empresas estrangeiras e da criação de novos estímulos para que os institutos de pesquisa e universidades fortaleçam seus vínculos com empresas estrangeiras; – reforçar as atuais estruturas cooperativas de inovação, fazendo com que o fomento às RCI esteja articulado com uma estratégia política global de inovação baseada em PÓLOS *e em* REDES.[4]

O poder público, através das agências governamentais, das empresas, das instituições de P&D, mediante parceria, desenvolve e divide funções básicas com outras instituições. As funções mais importantes podem ser enumeradas na concepção, no financiamento, na gestão, na execução da pesquisa e o uso do conhecimento. Sobre a questão, Suzigan ensina:

> *De forma consistente, as políticas direcionadas a sistemas locais de produção e inovação articulam instrumentos tanto de âmbito federal como de âmbito regional, estadual e mesmo local. Em geral procuram garantir o suprimento de venture capital, principalmente para viabilizar o surgimento de novas empresas financiando projetos e instalações, bem como de financiamentos em condições e prazos adequados para pequenas empresas e, de modo geral para todos os segmentos empresariais, de financiamentos para atividades de P&D, desenvolvimento de novos produtos, reestruturação ou adaptação das linhas de produção, programas de qualidade, criação de "design". Visam também estimular a cooperação e a criação de ambiente institucional que apóie inovação e aprendizado, de modo que as instituições e governo possam interagir com empresas e forças de mercado para gerar externalidades positivas, criar novas capacitações tecnológicas, reforçar o processo de aprendizado coletivo e cumulativo e, com isso, gerar efeitos sistêmicos mais amplos. A maior cooperação e um ambiente institucional propício favorecem medidas mais específicas de apoio à formação de "networkings" tecnológicos nos quais as atividades de inovação passam a ser um esforço social colaborativo, com custos e tarefas divididos entre muitos participantes locais: força de trabalho, fornecedores, clientes, universidades e institutos de pesquisa, órgãos governamentais, além de próprias empresas competidoras. [...] Por fim, medidas mais gerais visam aumentar e intensificar o aprendizado coletivo por meio de favorecimento à criação de laboratórios de pesquisa, centros tecnológicos de formação profissional e capacitação técnica tendo em vista as necessidades das empresas locais e regionais; estímulo à participação de empresas locais em feiras nacionais e internacionais, mostras e conferências; acesso a publicações técnicas da área e a bancos de dados e informações que permitam maior disseminação de conhecimento específico especializado, e apoio a projetos específicos de pesquisa.*[5]

A trajetória do desenvolvimento do trabalho, devendo estar criteriosamente definida em metas a serem alcançadas e o plano de desembolso e contrapartida, se houver, deve estar, de igual forma, suficientemente determinada ou com possibilidade de determinação. Geralmente, o poder público, que poderá delegar tais encargos a uma agência governamental, que ficará encarregada da concepção, planejamento e monitoramento do programa. Os parceiros (fabricantes, centros de pesquisas, universidades etc.), ficam encarregados da execução da P&D e fabricação da inovação.

A execução do objeto, conforme o artigo 11 da Lei nº 9.790/1999, será acompanhada e fiscalizada pelo poder público, pelo órgão específico à atividade fomentada e pelo conselho mencionado no artigo 10º, parágrafo 1º da mesma lei. Os resultados atingidos com a execução do projeto devem ser analisados por uma comissão de avaliação, composta de comum acordo entre o órgão parceiro e a Oscip. Essa comissão encaminhará à autoridade competente um relatório conclusivo sobre a avaliação procedida, sem prejuízo de controle social previsto na legislação e, conforme o artigo 12 da lei em exame, os responsáveis pela fiscalização, ao tomar conhecimento de ilegalidade, têm o dever de dar ciência da irregularidade ao Tribunal de Contas, sob pena de responsabilidade solidária.

Há diversas modalidades de grandes programas tecnológicos, segundo maior ou menor especificidade. Os projetos mais específicos são denominados *programas verticais*. Esses programas envolvem um conjunto de inovações, formando um SISTEMA TECNOLÓGICO. De outro lado, existem os PROGRAMAS HORIZONTAIS, que envolvem o desenvolvimento de um conjunto de *know-how* com "alto potencial de difusão em fase pré-competitiva"[6].

Essa classificação é oportuna porque revela um diferencial entre tais modalidades de projetos. No caso dos programas verticais, os objetivos técnicos são bem definidos e pressupõem um arranjo institucional, no qual prevalece uma dimensão setorial. E, mesmo que claramente definidos os objetivos técnicos, há diversos graus de conhecimentos básicos e aplicados nesses programas. Ainda dentro dos programas verticais, existem variantes, que são: os que requerem um maior desenvolvimento tecnológico, pois os conhecimentos básicos já estão disponíveis (exemplo da exploração do xisto). Há também aqueles programas cujos conhecimentos básicos ainda serão desenvolvidos, sendo necessário maior avanço para solver grandes desafios. Exemplos deste último problema são: a viagem espacial a grandes distâncias e a produção de energia limpa a partir da fissão a frio.[7]

Atualmente, os programas horizontais ocupam maior espaço de interesse, pois "postula-se a necessidade de deixar a área de desenvolvimento e aplicar recursos públicos na área de pesquisa pré-competitiva com alto poder de difusão"[8]. Por isso a importância das pequenas e médias empresas no processo de difusão e a necessidade de integrá-las em redes nacionais de inovadores.[9]

No Brasil, apesar de existirem exemplos de programas verticais, estes não possuem características similares aos projetos desenvolvidos no exterior. Enquadram-se projetos desenvolvidos pela Embraer, Telebrás e Petrobras. É necessário lembrar o programa espacial brasileiro, no final da década de 1970, coordenado pelo Centro Técnico Aeroespacial (CTA) e pelo Instituto Nacional de Pesquisas Espaciais, com vistas à Missão Espacial Completa Brasileira (Mecb), cujo trabalho incluía desenvolver um lançador de satélites (VLS-1), cinco satélites (SCD 1, 2 e 3 e SSR 1 e 2), bem como operacionalizar o Centro de Lançamento de Alcântara (CLA).

Outro programa de destaque no Brasil refere-se à soja. Essa oleaginosa é o produto agrícola mais relevante nas exportações brasileiras, correspondendo a exportação de grãos, farelo e óleo a R$ 14 bilhões do total de R$ 55 bilhões alcançados pela agricultura no ano de 2001. No *ranking* mundial de produção do produto, com um safra de 172 milhões de toneladas globais em 2000/2001, ou seja, 60% da produção mundial de oleaginosas, no qual o Brasil ocupa o segundo lugar, com uma safra de 40 milhões de toneladas em 2000/2001, atrás somente dos EUA, com uma safra no mesmo ano de 75 milhões de toneladas.[10]

A soja é majoritariamente utilizada como insumo para produção animal e para a indústria de óleos e gorduras, que consomem 90% da produção nacional. Além dessa utilização, a soja está sendo aplicada como matéria-prima para produtos com maior valor agregado, como ingredientes funcionais e/ou nutricionais por outras indústrias de alimentos. Tal emprego pode ser verificado na seguinte tabela:

Tabela 1 – Destinação principal e valor de comercialização da soja e seus derivados

Produto	Utilização	USD/tonelada
Soja grão	Crushing	150 – 170
Farelo	Alimentação animal	180 – 200
Óleo bruto	Indústria de óleos e gorduras	250 – 400
Farinhas	Indústrias variadas	400 – 700
Proteína texturizada	Substituto de carnes	500 – 1.000
Fibras	Ração animal e ingredientes para alimentos funcionais	650 – 1.400
Proteínas concentradas	Indústria de embutidos cárneos	1.300 – 2.000
Lecitinas	Aditivo alimentar	500 – 4.000
Proteínas isoladas	Indústria de embutidos cárneos e ingrediente para alimentos funcionais	2.500 – 4.000
Fitoquímicos (isoflavonas)	Ingredientes para alimentos funcionais	1.000 – 10.000

Fonte: Chiarello, 2002, p. 46.

Alimento funcional, de forma genérica, "é o alimento ou ingrediente alimentar que, além de suas propriedades nutricionais, pode acarretar benefícios à saúde quando consumidos como parte de uma dieta saudável"[11]. Essa aplicação decorre de recentes estudos relativos à longevidade, e sua aplicação, principalmente nos países desenvolvidos, corresponde a uma grande fatia de mercado. Estima-se que esse mercado global supera a casa de US$ 100 bilhões/ano. Esse segmento comporta três categorias principais: alimentos naturais/orgânicos (18% do mercado global), suplementos (36%) e alimentos funcionais (37%). Em 2010, esse mercado deverá atingir US$ 500 bilhões[12].

Como é demonstrado, o segmento da soja comporta uma oportunidade estratégica para aumentar a participação em exportações de alto valor agregado. Para dar sustentação ao crescimento do mercado e competitividade as pesquisas devem ser intensificadas e priorizadas. O estabelecimento de focos de desenvolvimento de novas tecnologias, com um ganho real na balança comercial, ganha-se espaço para investimentos em parcerias entre os setores público e privado, que podem perfeitamente ser inserido no contexto dos fundos setoriais. Assim, Chiarello explicita:

> *A implementação de uma plataforma tecnológica como a Embrapa, a Anvisa, as universidades, os institutos de pesquisas, as agências financiadoras, os representantes das entidades médicas, de proteção ao consumidor e do meio-ambiente, o setor privado, além dos ministérios governamentais, seria de grande oportunidade tanto para detalhar e priorizar uma agenda mais ampla de P&D, quanto para criar um ambiente mais favorável ao estabelecimento de parcerias para o cumprimento desta agenda. Quem ganha é o país e, comprovadas as evidências científicas em estudo, a saúde da população brasileira.*[13]

Considerações finais

As entidades do terceiro setor, pelo seu potencial de atuação como espelho de uma sociedade organizada, galgaram considerável destaque na participação dos rumos estratégicos brasileiros. Esse cenário foi percebido em momento contemporâneo à Constituição Federativa de 1988, com a queda do militarismo, ascensão da Nova Democracia, queda da censura, garantia à liberdade de associação para fins lícitos e a independência concedida, em que foi vedada a interferência estatal em seu funcionamento, conforme o artigo 5º, inciso XVIII da Constituição Federal.

Contudo, somente na década passada que a força dessas organizações foi realmente notada, o que culminou na edição da Lei nº 9.790/1999, Lei das Oscip, realçando o caráter de interesse público dessas instituições privadas. Esse foi um avanço considerável, que proporcionou mais agilidade e eficiência aos serviços de interesse público.

Tal ambiente propiciou o desenvolvimento de parcerias e um ganho de resultados, impossível no regime clássico de acesso a financiamentos públicos. Houve uma otimização de resultados e uma economia de capital, sem falar no aproveitamento do tempo despendido. Nunca se viu a reunião de tantas vantagens dentro de medidas tão simples, em que só houve uma desburocratização através da desestatização da pesquisa de base.

O que não pode ocorrer é a inversão desse caminho vencedor. Em vez de fomentar o surgimento de novos agentes de desenvolvimento no terceiro setor, proporciona-se um retrocesso e uma "autarquização" de entidades cruciais encarregadas de desenvolver tal processo. Hoje, a desburocratização é necessária, pois não há como desenvolver tecnologias onde não existe um sistema ágil de fomento à pesquisa. Muitas vezes, essa tecnologia vai se tornar obsoleta durante o período de uma licitação.

Essa postura restritiva foi trazida através de um equivocado entendimento: uma atividade de captação de recursos para o desenvolvimento de projetos desvirtuaria a identidade do terceiro setor. Ser não governamental não impede que uma organização busque financiamento público para a consecução de seus objetivos. A existência de investimentos oficiais não interfere em sua natureza, pois o que a caracteriza é o seu objetivo social e suas conseqüentes finalidades.

O fato de se obrigar a prestar contas ao poder público quando este financiar projetos, conforme o artigo 70, *caput* da CF/1988, não interfere na autonomia das entidades do terceiro setor, pois, se assim o fosse, uma empresa que tomasse dinheiro público para o desenvolvimento de um projeto seria mitigada igualmente em sua autonomia, o que não ocorre. É necessário mencionar novamente o artigo 5º, XVIII, da Constituição Federal vigente.

As organizações do terceiro setor não devem assumir somente o papel filantrópico, mas também devem se preparar para participar da construção de novos rumos e lutar pela busca do êxito nacional, qualquer que seja a sua esfera. a parceria entre essas organizações e o poder público é estratégica também porque ambos devem almejar o interesse coletivo se qualquer deles praticar os fins a que se destinam. O eventual receio à agilidade de sistemas não significa que o Estado deva absorver as organizações do terceiro setor, sob pena de ferir a própria Constituição.

Essas considerações são válidas não só no âmbito federal, mas também em estados e municípios[1]. Absorvendo as organizações do terceiro setor, exigindo que se enquadrem nos estritos moldes institucionais das entidades estatais poderá ser um erro. Essa situação acarretará uma perda de eficiência, uma desvantagem no quesito financeiro, bem como um obstáculo ao ágil desenvolvimento sustentável[2].

Para alcançar o objetivo almejado, ou seja, desenvolvimento com interesse público, há de se aplicar o binômio eficácia *versus* oneração com transparência. O Estado possui um sistema em crise e necessita de parceiros que tenham interesses compatíveis com seus propósitos. Nesse sentido, deve ser norteada a atuação do terceiro setor. A busca de sistemas mais ágeis e permanentes para sedimentar resultados deve ser cuidadosamente planejada[3]. Isso não se alcançará com a extinção das parcerias firmadas, mas sim com a execução de projetos coerentes com as expectativas da sociedade e com a realidade atual de um mundo globalizado. Prestar contas das verbas a serem empregadas em projetos não significa ingerência estatal em seu funcionamento interno, e sim a obediência aos princípios da legalidade, da impessoalidade, da moralidade, da publicidade, da economicidade e da eficiência, sempre tomando como base uma interpretação conforme a realidade dos fatos, a finalidade coletiva e, principalmente, inteligentemente[a]. Ultrapassar tais limites poderá configurar um desvio de finalidade, tendo em vista o impasse à otimização do desenvolvimento nacional sustentável.

---

[a]. "Deve o direito ser interpretado inteligentemente: não de modo que a ordem legal envolva um absurdo, prescreva inconveniências, vá ter conclusões inconsistentes ou impossíveis". (MAXIMILIANO, 1957, p. 210).

Referências por capítulo

Introdução

[1] Ribeiro, 2000.
[2] Dias, 1999, p. 3.

Capítulo 1

[1] Nanus; Dobbs, 2000, p. 41.
[2] Tachizawa, 2002, p. 39.
[3] Martins Filho, 1999, p. 8.
[4] Adulis, 2002, p. 1.
[5] Nanus; Dobbs, 2000, p. 49.
[6] Mill, 1869.
[7] Dias, 1999, p. 3.
[8] Dias, 1999, p. 3.
[9] Petras, 1997.
[10] Dias, 1999.
[11] Chossudovski, 1999.
[12] Dias, 1999, p. 7.
[13] Bobbio, 2000, p. 8.
[14] Krugman; Obstfeld, 1999, p. 224.
[15] Oliveira, 1997, p. 109.
[16] Lastres; Cassiolato, 2003, p. 14.
[17] Rocha, 2002, p. 336.
[18] Goyos Junior, 1996, p. 57.
[19] Goyos Junior, 1996, p. 57.
[20] Denny; Tejerina-Velázquez, 2001, p. 217.
[21] Oliveira, 2001, p. 15.

Capítulo 2

[1] Rafael, 1997, p. 128.
[2] Diniz, 2003b, p. 80.
[3] Di Pietro, 2002, p. 213.
[4] Cavalcanti, 2001.
[5] Alves, 2000, p. 80.
[6] Diniz, 2003a, p. 185.
[7] Brasil, 1992b.
[8] Brasil, 1999d.
[9] Meirelles, 1997, p. 320.
[10] Meirelles, 1997, p. 320.
[11] Diniz, 2003b.

[12] Diniz, 2003b, p. 78.
[13] Diniz, 1993, p. 120.
[14] Nanus; Dobbs, 2000, p. 26.
[15] Resende, 1999, p. 21.
[16] Diniz, 2003b, p. 72.

Capítulo 3

[1] Tachizawa, 2002, p. 39.
[2] Niebuhr, 2003, p. 312.
[3] Meirelles, 1997, p. 96.
[4] Szklarowsky, 1998.
[5] Meirelles, 1997, p. 339.
[6] Meirelles, 1997, p. 339.
[7] Di Pietro, 2002, p. 158.
[8] Di Pietro, 2002, p. 158.
[9] Brasil, 2007c.
[10] Justen Filho, 2002, p. 538.
[11] Figueiredo, 2003, p. 149.
[12] Figueiredo, 2003, p. 149.

Capítulo 4

[1] Betioli, 1995, p. 84.
[2] Betioli, 1995, p. 215.
[3] Betioli, 1995, p. 261.
[4] Nunes, 1999, p. 242.
[5] Silva, 2004, p. 46.
[6] Cintra; Grinover; Dinamarco, 1995, p. 100.
[7] Cintra; Grimover; Dinamarco, 1995, p. 100.
[8] Cintra; Grinover; Dinamarco, p. 101.
[9] Mello, 2004, p. 87.
[10] Kelsen, 2000, p. 194.
[11] Reale, 1998, p. 61.
[12] Reale, 2000, p. 17.
[13] Reale, 2000, p. 121.
[14] Nader, 1992, p. 156.
[15] Diniz, 2003b, p. 322.
[16] Reale, 1998, p. 708.
[17] Diniz, 2003b, p. 323.
[18] Meirelles, 1997, p. 82.
[19] Bugarin, 2001, p. 49.
[20] Meirelles, 1997, p. 85.
[21] Meirelles, 1997, p. 81.
[22] Meirelles, 1997, p. 96.
[23] Mujalli, 1999, p. 469.
[24] Mello, 2004, p. 109.
[25] Meirelles, 1997, p. 83.
[26] Cícero, 2001, p. 35.
[27] Silva, 2004, p. 649.
[28] Perelman, 1999, p. 84.
[29] Meirelles, 1997, p. 86.
[30] Mello, 2004, p. 354.
[31] Meirelles, 1997, p. 91.
[32] Silva, 2004, p. 652.
[33] Bugarin, 2001, p. 48.
[34] Niebuhr, 2003, p. 312.
[35] Diniz, 2003b, p. 352.
[36] Meirelles, 1997, p. 199.
[37] Meirelles, 1997.

Capítulo 5

1. Szazi, 2000, p. 109.
2. Soares, 2004, p. 2.
3. Leite, 2003, p. 12.
4. Ferrarezi, 2001, p. 18.

Capítulo 6

1. Szazi, 2000, p. 105.
2. Szklarowsky, 1998, p. 75.
3. Szazi, 2000, p. 106.
4. Justen Filho, 1999, p. 642.
5. Brasil, 1992a.

Capítulo 8

1. Brasil, 2003b, p. 7-8.

Capítulo 9

1. Brasil, 2003b, p. 19.
2. Brasil, 2003b, p. 37.
3. Brasil, 2003b, p. 7.

Capítulo 10

1. Camargo, 2001, p. 63.
2. Camargo, 2001, p. 69.
3. Furtado; Costa Filho, 2002, p. 6.
4. Gusmão, 2002, p. 356.
5. Suzigan, 2002, p. 9.
6. Furtado; Costa Filho, 2002, p. 7.
7. Furtado; Costa Filho, 2002, p. 7.
8. Furtado; Costa Filho, 2002, p. 8.
9. Furtado; Costa Filho, 2002, p. 40.
10. Chiarello, 2002, p. 45-60.
11. Chiarello, 2002, p. 47.
12. Chiarello, 2002, p. 47.
13. Chiarello, 2002, p. 56.

Considerações finais

1. Suzigan, 2002, p. 9.
2. Freitas, 2000, p. 9.
3. Darós, 1997, p. 25-26.

Referências

ADULIS, Dalberto. *Da colaboração à parceria*. 2002. Disponível em: <http://www.rits.org.br/acervo/acervo_pesquisa_detalhe.cfm?CA=1624>. Acesso em: 02 abr. 2003.

ALBUQUERQUE, Eduardo da Motta e et al. A distribuição espacial da produção científica e tecnológica brasileira: uma descrição de estatísticas de produção local de patentes e artigos científicos. *Revista Brasileira de Inovação*, Rio de Janeiro, v. 1, n. 2, p. 225-251, jul./dez. 2002. Disponível em: <http://www.finep.gov.br/revista_brasileira_inovacao/segunda_edicao/a_distribuicao_espacial.pdf>. Acesso em: 04 abr. 2003.

ALVES, Francisco de Assis. *Fundações, organizações sociais, agências executivas*: organizações da sociedade civil de interesse público e demais modalidades de prestação de serviços públicos. São Paulo: LTr, 2000.

BARRAL, Welber. *Metodologia da pesquisa jurídica*. Florianópolis: Fundação Boiteaux, 2003.

BETIOLI, Antonio Bento. *Introdução ao direito*. 5. ed. São Paulo: Letras & Letras, 1995.

BOBBIO, Norberto. *Liberalismo e democracia*. 6. ed. São Paulo: Brasiliense, 2000.

BOURDIEU, Pierre. A dupla ausência. *Revista Novos Estudos CEBRAP*, São Paulo, n. 62, mar. 2002.

BRASIL. *Constituição da República Federativa do Brasil de 1988.* Disponível em: <http://www.planalto.gov.br/ccivil_03/Constituicao/ Constitui%C3%A7ao.htm>. Acesso em: 13 dez. 2007a.

BRASIL. *Constituições.* Disponível em: <http://www.planalto.gov.br/ccivil_03/ Constituicao/principal.htm>. Acesso em: 11 dez. 2007b.

BRASIL. Decreto n. 949, de 5 de outubro de 1993. *Diário Oficial [da] República Federativa do Brasil,* Brasília, DF, 6 out. 1993a. Disponível em: <http://www.planalto.gov.br/CCIVIL/decreto/Antigos/D949.htm>. Acesso em: 13 dez. 2007.

BRASIL. Decreto n. 2.487, de 2 de fevereiro de 1998. *Diário Oficial [da] República Federativa do Brasil,* Brasília, DF, 4 fev. 1998a. Disponível em: <http://www.planalto.gov.br/ccivil_03/decreto/D2487.htm>. Acesso em: 10 dez. 2007.

BRASIL. Decreto n. 2.488, de 2 de fevereiro de 1998. *Diário Oficial [da] República Federativa do Brasil,* Brasília, DF, 4 fev. 1998b. Disponível em: <http://www.planalto.gov.br/ccivil/decreto/D2488.htm>. Acesso em: 10 dez. 2007.

BRASIL. Decreto n. 2.536, de 6 de abril de 1998. *Diário Oficial [da] República Federativa do Brasil,* Brasília, DF, 7 abr. 1998c. Disponível em: <http:// www.planalto.gov.br/ccivil_03/decreto/D2536.htm>. Acesso em: 07 dez. 2007.

BRASIL. Decreto n. 3.100, de 30 de junho de 1999. *Diário Oficial [da] República Federativa do Brasil,* Brasília, DF, 1 jul. 1999a. Disponível em: <http://www6.senado.gov.br/sicon/ExecutaPesquisaLegislacao.action >. Acesso em: 02 set. 2008.

BRASIL. Decreto n. 3.415, de 19 de abril de 2000. *Diário Oficial [da] República Federativa do Brasil,* Brasília, DF, 20 abr. 2000a. Disponível em: <http://www.planalto.gov.br/CCIVIL_03/decreto/D3415.htm>. Acesso em: 07 dez. 2007.

BRASIL. Decreto n. 3.504, de 13 de junho de 2000. *Diário Oficial [da]*

República Federativa do Brasil, Brasília, DF, 14 jun. 2000b. Disponível em: <http://www.planalto.gov.br/ccivil/decreto/D3504.htm>. Acesso em: 07 dez. 2007.

BRASIL. Decreto n. 50.517, de 2 de maio de 1961. *Diário Oficial [da] República Federativa do Brasil*, Brasília, DF, 3 maio 1961. Disponível em: <http://www.planalto.gov.br/ccivil/decreto/1950-969/D50517.htm>. Acesso em: 07 dez. 2007.

BRASIL. Decreto n. 93.872, de 23 de dezembro de 1986. *Diário Oficial [da] República Federativa do Brasil*, Brasília, DF, 26 dez. 1986. Disponível em: <http://www.planalto.gov.br/ccivil_03/decreto/D93872.htm>. Acesso em: 13 dez. 2007.

BRASIL. Decreto-Lei n. 4.657, de 4 de setembro de 1942. *Diário Oficial [da] República Federativa do Brasil*, Brasília, DF, 6 set. 1942. Disponível em: <http://www.planalto.gov.br/ccivil_03/Decreto-Lei/Del4657.htm>. Acesso em: 11 dez. 2007.

BRASIL. Constituição (1998). Emenda Constitucional n. 19, de 4 de junho de 1998. *Diário Oficial da República Federativa do Brasil*, Brasília, DF, 5 jun. 1998d. Disponível em: <http://www.planalto.gov.br/ccivil_03/Constituicao/Emendas/Emc/emc19.htm>. Acesso em: 11 dez. 2007.

BRASIL. Lei n. 91, de 28 de agosto de 1935. *Diário Oficial [da] República Federativa do Brasil*, Brasília, DF, 29 ago. 1935. Disponível em: <http://www.planalto.gov.br/CCIVIL/leis/1930-1949/L0091.htm>. Acesso em: 07 dez. 2007.

BRASIL. Lei n. 4.320, de 17 de março de 1964. *Diário Oficial [da] República Federativa do Brasil*, Brasília, DF, 18 mar. 1964. Disponível em: <http://www.planalto.gov.br/CCIVIL/Leis/L4320.htm>. Acesso em: 13 dez. 2007.

BRASIL. Lei n. 6.404, de 15 de dezembro de 1976. *Diário Oficial [da] República Federativa do Brasil*, Brasília, DF, 16 dez. 1976. Disponível em: <http://www.cosif.com.br/mostra.asp?arquivo=lei6404indice>. Acesso em: 06 dez. 2007.

BRASIL. Lei n. 6.494, de 7 de dezembro de 1977. *Diário Oficial [da] República Federativa do Brasil*, Brasília, DF, 8 dez. 1977. Disponível em: <http://www.planalto.gov.br/ccivil/Leis/L6494.htm>. Acesso em: 13 dez. 2007.

BRASIL. Lei n. 8.661, de 2 de junho de 1993. *Diário Oficial [da] República Federativa do Brasil*, Brasília, DF, 3 jun. 1993b. Disponível em: <http://www6.senado.gov.br/sicon/ExecutaPesquisaLegislacao.action>. Acesso em: 02 set. 2008.

BRASIL. Lei n. 8.666, de 21 de junho de 1993. *Diário Oficial [da] República Federativa do Brasil*, Brasília, DF, 22 jun. 1993c. Disponível em: <http://www.planalto.gov.br/ccivil/Leis/L8666cons.htm>. Acesso em: 12 dez. 2007.

BRASIL. Lei n. 9.637, de 15 de maio de 1998. *Diário Oficial [da] República Federativa do Brasil*, Brasília, DF, 16 maio 1998e. Disponível em: <http://www.planalto.gov.br/CCIVIL/leis/L9637.htm>. Acesso em: 12 dez. 2007.

BRASIL. Lei n. 9.649, de 27 de maio de 1998. *Diário Oficial [da] República Federativa do Brasil*, Brasília, DF, 28 maio 1998f. Disponível em: <http://www.planalto.gov.br/CCIVIL/leis/L9649cons.htm>. Acesso em: 10 dez. 2007.

BRASIL. Lei n. 9.790, de 23 de março de 1999. *Diário Oficial [da] República Federativa do Brasil*, Brasília, DF, 24 mar. 1999b. Disponível em: <http://www.planalto.gov.br/ccivil/LEIS/L9790.htm>. Acesso em: 29 nov. 2007.

BRASIL. Lei n. 10.406, de 10 de janeiro de 2002. *Diário Oficial [da] República Federativa do Brasil*, Brasília, DF, 12 jan. 2002a. Disponível em: <http://www.planalto.gov.br/CCIVIL/leis/2002/L10406.htm>. Acesso em: 29 nov. 2007.

BRASIL. Lei n. 10.539, de 23 de setembro de 2002. *Diário Oficial [da] República Federativa do Brasil*, Brasília, DF, 25 set. 2002b. Disponível em: <http://www.planalto.gov.br/CCIVIL/Leis/2002/L10539.htm>. Acesso em: 07 dez. 2007.

BRASIL. Lei n. 10.637, de 30 de dezembro de 2002. *Diário Oficial [da]*

República Federativa do Brasil, Brasília, DF, 2 jan. 2003a. Disponível em: <http://www.planalto.gov.br/CCIVIL/LEIS/2002/L10637.htm>. Acesso em: 07 dez. 2007.

BRASIL. Lei Complementar n. 73, de 10 de fevereiro de 1993. *Diário Oficial [da] República Federativa do Brasil*, Brasília, DF, 11 fev. 1993d. Disponível em: <http://www.planalto.gov.br/CCIVIL/LEIS/LCP/Lcp73.htm>. Acesso em: 13 dez. 2007.

BRASIL. Lei Complementar n. 101, de 4 de maio de 2000. *Diário Oficial [da] República Federativa do Brasil*, Brasília, DF, 6 maio 2000c. Disponível em: <http://www.planalto.gov.br/CCIVIL/Leis/LCP/Lcp101.htm>. Acesso em: 13 dez. 2007.

BRASIL. Medida provisória n. 2.123-29, de 23 de fevereiro de 2001. *Diário Oficial [da] República Federativa do Brasil*, Brasília, DF, 24 fev. 2001a. Disponível em: <http://www.planalto.gov.br/CCIVIL/MPV/Antigas_2001/2123-29.htm>. Acesso em: 07 dez. 2007.

BRASIL. Advocacia-Geral da União. Consultoria Jurídica no Ministério dos Transportes. Coordenação-Geral da Gestão Técnica e Administrativa. *Parecer nº 333-2004/MT/CONJUR/CGTA*, de 5 de agosto de 2004a. Processo n. 50000.064048/2004-56. Dr. Pablo Soares Bourbom (Advogado da União e Coordenador-Geral da Gestão Técnica e Administrativa). Disponível em: <http://www.transportes.gov.br/conjur/juridica/pareceres/p333_2004.pdf>. Acesso em: 03 set. 2008.

BRASIL. Consultoria Geral da República. Parecer n. 24, de 23 de janeiro de 1991. *Diário Oficial [da] República Federativa do Brasil*, Brasília, DF, 25 jan. 1991a. Disponível em: <http://www.fiscosoft.com.br/indexsearch.php?PID=5423>. Acesso em: 13 dez. 2007.

BRASIL. Distrito Federal. Ministério Público de Contas do Distrito Federal. ADI 1.668-DF. *Informativos – STF*. Disponível em: <http://www.tc.df.gov.br/MpjTcdf/informativos.php?TIPO=STF&PAGINA=/www/html/mptcdf/jurislegis/stf/info343STF.TXT>. Acesso em: 10 dez. 2007c.

BRASIL. Ministério da Ciência e Tecnologia. Relatório de avaliação das unidades de pesquisa (UPs). *Parcerias Estratégicas*, Brasília, p. 145-272, out. 2002c. Disponível em: <http://www.cgee.org.br/arquivos/pe_15.pdf>. Acesso em: 03 set. 2008.

BRASIL. Ministério da Fazenda. Secretaria do Tesouro Nacional. Instrução Normativa da Secretaria do Tesouro Nacional n. 1, de 15 de janeiro de 1997 – Celebração de convênios. *Diário Oficial [da] República Federativa do Brasil*, Brasília, DF, 31 jan. 1997. Disponível em: <http://www.tesouro. fazenda.gov.br/legislacao/download/contabilidade/in1_97.pdf>. Acesso em: 12 dez. 2007.

BRASIL. Ministério da Previdência e Assistência Social. Conselho Nacional de Assistência Social. Resolução CNAS n. 31, de 24 de fevereiro de 1999. *Diário Oficial [da] República Federativa do Brasil*, Brasília, DF, 26 fev. 1999c. Disponível em: <http://www.mps.gov.br/srp/normas/dc/in/ in_assunto/Fund_Geral/Resolucao31.html>. Acesso em: 10 dez. 2007.

_____. Resolução CNAS n. 177, de 24 de agosto de 2000. *Diário Oficial [da] República Federativa do Brasil*, Brasília, DF, 24 ago. 2000. Disponível em: <http://www81.dataprev.gov.br/sislex/paginas/72/MPAS-CNAS/2000/177.html>. Acesso em: 10 dez. 2007.

BRASIL. Supremo Tribunal Federal. Primeira Turma. Recurso Extraordinário n. 119.256-9/SP. Relator: Ministro Presidente Moreira Alves. Brasília, DF, 14 abr. 1992. *Diário da Justiça da União*, Brasília, DF, 29 maio 1992a. Disponível em: <http://www.tce.rs.gov.br/Pareceres_ASC/Pareceres_ de_2000/pdf/parecer_62_00.pdf>. Acesso em: 24 abr. 2003.

BRASIL. Supremo Tribunal Federal. Segunda Turma. Recurso Extraordinário n. 215.741/SE. Relator: Ministro Maurício Correa. Brasília, DF, 30 mar. 1999. *Diário da Justiça da União*, Brasília, DF, p. 781, 1999d.

BRASIL. Tribunal de Contas da União. *Convênios e outros repasses*. Brasília, 2003b. Disponível em: <http://www2.tcu.gov.br/pls/portal/url/ITEM/ E6555C8431D229A1E030010A7000725A>. Acesso em: 03 set. 2008.

BRASIL. Tribunal de Contas da União. Decisão n. 243/98. Plenário. Ata 16/98. Processo n. TC-003.286/96-7. Relator: Ministro José Antônio Barreto de Macedo. Brasília, DF, 6 maio 1998. *Diário Oficial [da] República Federativa do Brasil*. Brasília, DF, 20 maio 1998g. Disponível em: <http://www2.tcu.gov.br/pls/portal/docs/PAGE/TCU/PUBLICACOES/ PUBLICACOES_PERIODICAS/REVISTA_TCU/REVISTA0076.PDF>. Acesso em: 24 abr. 2003.

_____. Decisão n. 278/96. Plenário. Ata 19/96. Processo n. TC-020.069/93-6. Relator: Ministro Iram Saraiva. Brasília, DF, 22 maio 1996. *Diário Oficial [da] República Federativa do Brasil*, Brasília, DF, 17 jun. 1996a. Disponível em: <http://www2.tcu.gov.br/pls/portal/docs/PAGE/TCU/ SESSOES/ATAS/SEGUNDA_CAMARA/SEGUNDA_CAMARA_2000/ ATA_2C_25,_DE_06-07-2000.PDF>. Acesso em: 18 mar. 2003.

_____. Decisão n. 528/92. Plenário. Ata 51/92. Processo n. TC-013.074/92-0. Relator: Ministro Paulo Affonso Martins de Oliveira. Brasília, DF, 11 nov. 1992. *Diário Oficial [da] República Federativa do Brasil*, Brasília, DF, 25 nov. 1992b. Disponível em: <http://www2.pgr.mpf.gov.br/transparencia/ licitacoes1/2007/docs-pregao-30-a-01/pregao_27_2007.ata%20de%20 registro%20de%20precos.pdf>. Acesso em: 24 abr. 2003.

BUGARIN, Paulo Soares. O princípio constitucional da eficiência: um enfoque doutrinário multidisciplinar. *Revista do Tribunal de Contas da União*, Brasília, v. 32, n. 87, p. 39-50, jan./mar. 2001. Disponível em: <http:// www.tcu.gov.br/isc/sedip/Revista/Download/revista0087.pdf>. Acesso em: 20 out. 2003.

_____. Reflexões sobre o princípio constitucional da economicidade e o papel do TCU. *Revista do Tribunal de Contas da União*, Brasília, v. 29, n. 78, p. 41-45, out./dez. 1998. Disponível em: <http://portal2.tcu.gov.br/ portal/page/portal/TCU/comunidades/biblioteca_tcu/biblioteca_digital/ REVISTA0078.pdf>. Acesso em: 02 set. 2008.

CAMARGO, Mariângela Franco de et al. *Gestão do terceiro setor no Brasil*. São Paulo: Futura, 2001.

CASTRO, Antonio Barros. A rica fauna da política industrial e a sua nova fronteira. *Revista Brasileira de Inovação*, Rio de Janeiro, v. 1, n. 2, p. 253-274, jul./dez. 2002. Disponível em: <http://www.finep.gov.br/revista_brasileira_inovacao/segunda_edicao/rica_fauna.pdf>. Acesso em: 02 set. 2008.

CAVALCANTI, Francisco de Queiroz Bezerra. As fundações públicas e a reforma do Estado. *Jus Navigandi*, Teresina, ano 5, n. 49, fev. 2001. Disponível em: <http://jus2.uol.com.br/doutrina/texto.asp?id=476>. Acesso em: 03 set. 2008.

CHIARELLO, Marileusa D. A soja e os alimentos funcionais: oportunidades de parcerias em P&D para os setores público e privado. *Parcerias estratégicas*, Brasília, n. 15, p. 45-60, out. 2002. Disponível em: <http://www.cgee.org.br/arquivos/pe_15.pdf>. Acesso em: 02 set. 2008.

CHOSSUDOVSKY, Michel. *A globalização da pobreza*. São Paulo: Moderna, 1999.

CÍCERO. *Dos deveres*. São Paulo: Martin Claret, 2001.

CINTRA, Antônio Carlos de Araújo; GRINOVER, ADA Pelegrini; DINAMARCO, Cândido R. *Teoria geral do processo*. 11. ed. São Paulo: Malheiros, 1995.

CONSELHO FEDERAL DE CONTABILIDADE. Resolução CFC n. 750/93. Princípios fundamentais de contabilidade. *Diário Oficial [da] República Federativa do Brasil*, Brasília, DF, 31 dez. 1993. Disponível em: <http://www.cfc.org.br/sisweb/sre/Default.aspx>. Acesso em: 26 ago. 2008.

_____. Resolução CFC n. 751/93. Dispõe sobre as Normas Brasileiras de Contabilidade. *Diário Oficial [da] República Federativa do Brasil*, Brasília, DF, 12 nov. 2003.Disponível em: <http://www.cfc.org.br/sisweb/sre/Default.aspx>. Acesso em: 26 ago. 2008.

_____. Resolução CFC n. 774/94. Princípios fundamentais de contabilidade. *Diário Oficial [da] República Federativa do Brasil*, Brasília, DF, 18 jan. 1995. Disponível em: <http://www.cfc.org.br/sisweb/sre/Default.aspx>. Acesso em: 03 set. 2008.

Conselho Federal de Contabilidade. Resolução CFC n. 803/96. Código de Ética. *Diário Oficial [da] República Federativa do Brasil*, Brasília, DF, 20 nov. 1996. Disponível em: <http://www.cfc.org.br/sisweb/sre/Default.aspx>. Acesso em: 03 set. 2008.

Darós, Márcia da Mota. *Cooperação em ciência e tecnologia no Mercosul*: estudo de caso do Paraná. Brasília, 1997. Disponível em: <http://www.mct.gov.br/prog/coop_int/Pdfs/panan%C3%A1.pdf>. Acesso em: 25 maio 2003.

Denny, Ercílio A.; Tejerina-Velázquez, Victor Hugo. Ética empresarial e opinião pública. In: Pimentel, Luiz Otávio (Org.). *Mercosul, Alca e integração euro-latino-americana*. Curitiba: Juruá, 2001. v. 1.

Desenvolvimento passa pela vocação da sociedade e pelo potencial econômico de cada região do País. *Folha Inovação*, Rio de Janeiro, n. 13, p. 3-5, maio/jul. 2002.

Di Pietro, Maria Sylvia Zanella. *Parcerias na administração pública*: concessão, permissão, franquia, terceirização e outras formas. 4. ed. São Paulo: Atlas, 2002.

Dias, Maurício Leal. O neoliberalismo é intervencionista? *Jus Navigandi*, Teresina, ano 3, n. 31, maio 1999. Disponível em: <http://jus2.uol.com.br/doutrina/texto.asp?id=73>. Acesso em: 03 set. 2008.

Diniz, Gustavo Saad. *Direito das fundações privadas*: teoria geral e exercício de atividades econômicas. 2. ed. Porto Alegre: Síntese, 2003a.

Diniz, Maria Helena. *Código civil anotado*. 9. ed. São Paulo: Saraiva, 2003b.

_____. *Curso de direito civil brasileiro*. 9. ed. São Paulo: Saraiva, 1993.

Ferrarezi, Elizabete. *Organização da sociedade civil de interesse público* – Oscip: a Lei n. 9.790 como alternativa para o terceiro setor. 2. ed. Brasília: Comunidade Solidária, 2001. Disponível em: <http://www.mj.gov.br/snj/oscip.htm>. Acesso em: 25 maio 2003.

Ferreira, Sérgio de Andréa. Estudo jurídico sobre a natureza do Paraná

Previdência. *Revista da Previdência Funcional*, Curitiba, p. 96-121, 2001.

FIGUEIREDO, Lúcia Valle. *Curso de direito administrativo*. 6. ed. São Paulo: Malheiros, 2003.

FREITAS, Maria Ester de. Contexto social e imaginário organizacional moderno. *RAE – Revista de Administração de Empresas*, São Paulo, v. 40, n. 2, p. 6-15, abr./jun. 2000.

FURTADO, André Tosi; COSTA FILHO, Edmilson de Jesus. Avaliação de impactos econômicos do Programa do Satélite Sino-Brasileiro (CBERS). *Parcerias Estratégicas*, Brasília, n. 15, p. 5-44, out. 2002. Disponível em: <http://www.cgee.org.br/arquivos/pe_15.pdf>. Acesso em: 02 set. 2008.

GIANNOTTI, José Arthur. Capitalismo e monopólio do conhecimento. *Revista Novos Estudos CEBRAP*, São Paulo, n. 64, p. 107-120, nov. 2002.

GONÇALVES, Reinaldo et al. *A nova economia internacional*: uma perspectiva brasileira. Rio de Janeiro: Campus, 1998.

GOYOS, JUNIOR, Durval de Noronha. The new international order. In: _____. *Gatt, Mercosul & Nafta*. 2. ed. São Paulo: Observador Legal Editora, 1996. p. 57.

GUSMÃO, Regina. Práticas e políticas internacionais de colaboração ciência-indústria. *Revista Brasileira de Inovação*, Rio de Janeiro, v. 1, n. 2, p. 327-360, jul./dez. 2002. Disponível em: <http://www.finep.gov.br/revista_brasileira_inovacao/segunda_edicao/praticas_politicas_internacionais.pdf>. Acesso em: 02 set. 2008.

JUSTEN FILHO, Marçal. *Comentários à Lei de Licitações e Contratos Administrativos*. 6. ed. São Paulo: Dialética, 1999.

_____. *O direito das agências reguladoras independentes*. São Paulo: Dialética, 2002.

KANTER, Rosabeth Moss. *Classe mundial*: uma agenda para gerenciar os desafios globais em benefício das empresas e das comunidades. Rio de Janeiro: Campus, 1996.

KELSEN, Hans. *Teoria geral do direito e do Estado*. 3. ed. Tradução de: Luis Carlos Borges. São Paulo: M. Fontes, 2000.

_____. *Teoria pura do direito*. 6. ed. Tradução de: João Baptista Machado. São Paulo: M. Fontes, 1998.

KRUGMAN, Paul R.; OBSTFELD, Maurice. *Economia internacional*: teoria e política. São Paulo: Makron Books, 1999.

LASTRES, Helena M. M.; CASSIOLATO, José Eduardo. Novas políticas na era do conhecimento: o foco em arranjos produtivos e inovativos locais. *Parcerias estratégicas*, Brasília, n. 17, p. 5-29, set. 2003. Disponível em: <http://www.cgee.org.br/arquivos/pe_17.pdf>. Acesso em: 02 set. 2008.

LEITE, Marco Antônio Santos. *O terceiro setor e as Organizações da Sociedade Civil de Interesse Público – OSCIPs*. Banco de Conhecimento (Informações Técnicas). Assembléia Legislativa do Estado de Minas Gerais, Belo Horizonte, jun. 2003. Disponível em: <http://www.almg.gov.br/bancoconhecimento/tecnico/TerSet.pdf>. Acesso em: 02 set. 2008.

MARTINS FILHO, Ives Gandra da Silva. O princípio ético do bem comum e a concepção jurídica do interesse público. *Revista Jurídica Virtual*, Brasília, v. 2, n. 13, jun. 1999. Disponível em: <http://www.planalto.gov.br/ccivil_03/revista/Rev_13/princ-etico.htm>. Acesso em: 03 set. 2008.

MAXIMIANO, Antônio C. *Administração de projetos*: como transformar idéias em resultados. São Paulo: Atlas, 1997.

MAXIMILIANO, Carlos. *Hermenêutica e aplicação do direito*. 6. ed. Rio de Janeiro: Freitas Bastos, 1957.

MEIRELLES, Hely Lopes. *Direito administrativo brasileiro*. 22. ed. São Paulo: Malheiros, 1997.

MELLO, Celso Antonio Bandeira de. *Curso de direito administrativo*. 17. ed. São Paulo: Malheiros, 2004.

MILL, John Stuart. *On liberty*. London: Longman, Roberts & Green, 1869.

MIRANDA, Pontes de. *Comentários à Constituição de 1967, com a Emenda n. 1 de 1969*. Rio de Janeiro: Forense, 1987. Tomo I.

MODESTO, Paulo. Reforma administrativa e marco legal das organizações sociais no Brasil. *Jus Navigandi*, Teresina, ano 3, n. 30, abr. 1999. Disponível em: <http://jus2.uol.com.br/doutrina/texto.asp?id=473>. Acesso em: 03 set. 2008.

MONTAÑO, Carlos. *Terceiro setor e questão social*: crítica ao padrão emergente de intervenção social. São Paulo: Cortez, 2002.

MUJALLI, Walter Brasil. *Relações de consumo*: direito do consumidor. São Paulo: Editora Universitária de Direito, 1999.

NADER, Paulo. *Filosofia do direito*. 2. ed. Rio de Janeiro: Forense, 1992.

NANUS, Burt; DOBBS, Stephen M. *Liderança para o terceiro setor*: estratégias de sucesso para organizações sem fins lucrativos. São Paulo: Futura, 2000.

NIEBUHR, Joel de Menezes. *Dispensa e inexigibilidade de licitação pública*. São Paulo: Dialética, 2003.

NUNES, Luiz Antônio Rizzatto. *Manual de introdução ao estudo do direito*. São Paulo: Saraiva, 1999.

OLIVEIRA, Gesner. Globalização e defesa da concorrência. *Revista de Direito Econômico*, Brasília, n. 25, p. 109-112, jan./jul. 1997.

OLIVEIRA, Manfredo Araújo de. *Desafios éticos da globalização*. São Paulo: Paulinas, 2001.

PARANÁ TECNOLOGIA. *Relatório consolidação das atividades do Fundo Paraná*: programas, projetos e ações. Curitiba, 2003.

____. *Relatório de atividades do programa W-Class*. Curitiba, 2002.

PERELMAN, Chaïm. *Ética e direito*. Tradução de: Maria Ermantina Galvão. São Paulo: M. Fontes, 1999.

PETRAS, James. *No fio da navalha*. São Paulo: Xamã, 1997.

POSSAS, Mario Luiz. Elementos para uma integração micro-macrodinâmica na teoria do desenvolvimento econômico. *Revista Brasileira de Inovação*, Rio de Janeiro, v. 1, n. 1, p. 123-150, jan./jun. 2002. Disponível em: <http://www.finep.gov.br/revista_brasileira_inovacao/artigos/possas. pdf>. Acesso em: 03 set. 2008.

PROGRAMA de estímulo à interação universidade-empresa para apoio à inovação: documento básico. *Parcerias Estratégicas*, Brasília, n. 15, p. 129-144, out. 2002. Disponível em: <http://www.cgee.org.br/arquivos/pe_15.pdf>. Acesso em: 03 set. 2008.

PRUDENTE, Antônio Souza. Globalização e genocídio econômico. *Jus Navigandi*, Teresina, ano 4, n. 41, maio 2000. Disponível em: <http://jus2.uol.com.br/doutrina/texto.asp?id=70>. Acesso em: 03 set. 2008.

RAFAEL, Edson José. *Fundações e direito:* 3º setor. São Paulo: Melhoramentos, 1997.

REALE, Miguel. *Filosofia do direito*. 18. ed. São Paulo: Saraiva, 1998.

_____. *Teoria tridimensional do direito*. 5. ed. São Paulo: Saraiva, 2000.

RESENDE, Tomáz de Aquino. *Roteiro do terceiro setor*. Belo Horizonte: Publicare, 1999.

RIBEIRO, Valéria Cristina Gomes. Estado como objeto de estudo. *Jus Navigandi*, Teresina, ano 4, n. 43, jul. 2000. Disponível em: <http://jus2.uol.com.br/doutrina/texto.asp?id=51>. Acesso em: 03 set. 2008.

ROCHA, Dalton Caldeira. Cláusula social. In: BARRAL, Welber (Org.). *O Brasil e a OMC*. 2. ed. rev. e atual. Curitiba: Juruá, 2002.

RODRIGUES, Mauro Marcondes. Fundos setoriais e Lei da Inovação garantem novo cenário para C&T. *Folha Inovação*, Rio de Janeiro, n. 12, p. 6-7, mar./abr. 2002. Entrevista.

SANTOS, Antônio Silveira Ribeiro dos. Reforma administrativa e o terceiro setor. *Boletim de Direito Administrativo*, São Paulo, v. 16. n. 1, p. 31-32, jan. 2000.

SCHWARTZMAN, Simon. A pesquisa científica e o interesse público. *Revista*

Brasileira de Inovação, Rio de Janeiro, v. 1, n. 2, p. 361-395, jul./dez. 2002. Disponível em: <http://www.finep.gov.br/revista_brasileira_inovacao/segunda_edicao/pesquisa_cientifica_interesse_publico.pdf>. Acesso em: 03 set. 2008.

SILVA, José Afonso da. *Curso de direito constitucional positivo*. 23. ed. São Paulo: Malheiros, 2004.

SILVANO, Ana Paula Rodrigues. *Fundações públicas e terceiro setor*. Rio de Janeiro: Lumen Juris, 2003.

SOARES, Pablo Bourbom. Parecer n. 333, de 24 de maio de 2004. Processo n. 5000.064048/2004-56. 05/08/2004. Advocacia-geral da União. disponível em: <http://www.transportes.gov.br/conjur/juridica/parecer/p333_2004.pdf>. Acesso em: 04 abr. 2003.

SPINOSA, Luiz Márcio; QUANDT, Carlos. Um modelo de arranjo institucional de desenvolvimento: o programa Paraná classe mundial em tecnologia da informação e comunicação. *Educação e Tecnologia*, Curitiba, v. 7: Indústria brasileira: oportunidades e desafios, p. 87-93, set. 2003. Disponível em: <http://www.ppgte.cefetpr.br/revista/vol7/artigos/art05vol07.pdf >. Acesso em: 26 ago. 2008.

SUZIGAN, Wilson. Sistemas locais de produção e inovação. *Folha Inovação*, Rio de Janeiro, n. 13, p. 8-9, maio/jul. 2002. Disponível em: <http://www.finep.gov.br/imprensa/folha_inovacao//FI013.pdf>. Acesso em: 03 set. 2008.

SZAZI, Eduardo. *Terceiro setor*: regulamentação no Brasil. São Paulo: Peirópolis, 2000.

SZKLAROWSKY, Leon Frejda. Convênios, consórcios administrativos, ajustes e outros instrumentos congêneres. *Jus Navigandi*, Teresina, ano 1, n. 20, out. 1997. Disponível em: <http://jus2.uol.com.br/doutrina/texto.asp?id=456>. Acesso em: 03 set. 2008.

SZKLAROWSKY, Leon Frejda. Organizações Sociais (Lei n. 9637, de 15 de maio de 1998). *Jus Navigandi*, Teresina, ano 3, n. 27, dez. 1998. Disponível em: <http://jus2.uol.com.br/doutrina/texto.asp?id=472>. Acesso em: 03 set. 2008.

TACHIZAWA, Takeshy. *Organizações não governamentais e o terceiro setor*. São Paulo: Atlas, 2002.

VICCARI JÚNIOR, Adauto et al.; CRUZ, Flavio da (Org.). *Lei de Responsabilidade Fiscal comentada*: Lei Complementar n. 101, de 4 de maio de 2000. 2. ed. São Paulo: Atlas, 2001.

VIEIRA, Renata de Martins Faria. *Elaboração de projetos sociais*: uma aplicação. 2001. Dissertação (Mestrado em Engenharia de Produção) – Universidade Federal de Santa Catarina, Florianópolis, 2001.

Nota sobre o autor

Olsen Henrique Bocchi é bacharel em Direito pela Universidade Estadual de Londrina (UEL), na qual iniciou pesquisas sobre a atuação do terceiro setor como vetor estratégico econômico e social. No setor de serviços com enfoque em blocos econômicos, desenvolveu pesquisa aplicada junto à atuação social do Mercosul, escrevendo textos de apoio para participação em debates oficiais em congressos no setor internacional. Entre esses trabalhos, encontra-se: "Os contratos de câmbio no Mercosul: a atividade societária", em maio de 1998, no VII Encontro Internacional de Direito da América do Sul, Mercosul no Cenário Internacional: Direito e Sociedade.

Houve também a apresentação da monografia "A proteção do consumidor na relação contratual ante fato superveniente: o caso brasileiro e um questionamento para o Mercosul", em Assunção Paraguai e realizado no VIII Encuentro Internacional de Derecho de América del Sur, Mercosur en Cenario Internacional: Derecho y Sociedad, em 1999. Ainda enfocando os blocos de nações, preocupou-se o autor com a questão social no Mercosul, pesquisando com maior acuidade os impactos sociais no mundo globalizado, culminando-se na publicação da monografia "O impacto da globalização nas relações sociais e integração na américa latina: a realidade sociolaboral do Mercosul nas relações entre cidadãos de seus países-membros", em janeiro de 2002.

Na virada do milênio, ingressou no curso de pós-graduação em Direito Civil e Processual Civil no Instituto Brasileiro de Pesquisas Sócio-

Econômicos (Ibrape), em Londrina, PR, em parceria com a Ordem dos Advogados do Brasil, Subseccional Londrina, o que possibilitou um estudo setorizado sobre contratos à luz da filosofia do direito, possibilitando a edição do texto "As fontes das obrigações: um paralelo com as fontes do Direito". Este trabalho foi desenvolvido como uma profunda explicação dos contratos, não como um fim em si mesmo, mas como uma decorrência lógica da congruência de fatores sociais, normativos e juízos de valores, conforme a teoria tridimensional de Miguel Reale. Dando seqüência ao desenvolvimento desta linha de raciocício, criaram-se Organizações da Sociedade Civil de Interesse Público (OSCIP), merecendo um estudo específico sobre o tema, marco do terceiro setor no Brasil. Nesse período, ingressou no curso de pós-graduação em Direito e Negócios Internacionais, ministrado pela Universidade Federal de Santa Catarina (UFSC), e desenvolveu um projeto de pesquisa aplicada, para qual 3.522 (três mil quinhentas e vinte e duas) horas de pesquisa aplicada visando o estudo da normatização do terceiro setor, cujo tema do projeto foi "A atuação do terceiro setor no desenvolvimento tecnológico e na execução de parcerias estratégicas: o caso do Estado do Paraná." Aliando ambas as atividades, iniciou a elaboração do presente livro, no qual pretende-se, no mínimo, dar contribuição à atuação regular das entidades imbuídas da responsabilidade social.

Impressão: Reproset
Julho/2012